新文科建设教材
创新创业系列

U0366666

BUSINESS MODEL

PRINCIPLES AND CASES

商业模式

原理与案例

顾元勋◎编著

清华大学出版社

北京

内 容 简 介

商业模式是业务经营的全局决策。以客户为思考起点，商业模式的基本架构包括了认知一致性、价值实现频谱、产品—服务依存关系、规模与范围经济等四个模块。其中，认知一致性解决客户与企业达成购买决策的问题，这是商业模式设计拥有生命力的关键环节。价值实现频谱用于解决客户与企业间的双向搜寻。产品—服务依存关系则应对企业拥有有限的业务处理能力问题。规模与范围经济是商业模式的治理机制。进一步地，设计矩阵为商业模式设计和动态分析提供了可操作方法。另外，还包括创新策略、实施评估等影响商业模式成功的重要方面。总之，本书为较全面地理解、把握和运用商业模式提供了参考。

本书适用于 MBA 学生，经济管理专业的博士生、硕士生和高年级本科生，以及对商业模式实践感兴趣的企业高级管理者。

图书在版编目(CIP)数据

商业模式：原理与案例/顾元勋编著. —北京：清华大学出版社，2024.5(2025.6重印)
新文科建设教材. 创新创业系列
ISBN 978-7-302-66028-6

Ⅰ. ①商… Ⅱ. ①顾… Ⅲ. ①商业模式－案例－高等学校－教材 Ⅳ. ①F71

中国国家版本馆 CIP 数据核字(2024)第 069834 号

责任编辑：贺　岩
封面设计：李召霞
责任校对：宋玉莲
责任印制：刘　菲

出版发行：清华大学出版社
   网　　址：https://www.tup.com.cn，https://www.wqxuetang.com
   地　　址：北京清华大学学研大厦 A 座　　邮　　编：100084
   社 总 机：010-83470000　　邮　　购：010-62786544
   投稿与读者服务：010-62776969，c-service@tup.tsinghua.edu.cn
   质量反馈：010-62772015，zhiliang@tup.tsinghua.edu.cn
   课件下载：https://www.tup.com.cn，010-83470332
印 装 者：三河市人民印务有限公司
经　　销：全国新华书店
开　　本：185mm×260mm　　印　　张：11　　字　　数：181 千字
版　　次：2024 年 5 月第 1 版　　印　　次：2025 年 6 月第 2 次印刷
定　　价：45.00 元

产品编号：104248-01

前　言

商业模式（business model）是企业与客户之间关系处理的根本，也是直接影响到企业业务好坏的全局架构。

关于商业模式的理解，大致可以分为两个分支，一个是企业理论视角，另一个是战略管理视角。也就是说，商业模式的领域从属决定了观察和分析的基本理论出发点，并决定了商业模式的目的导向。

本书秉持企业视角来理解和把握商业模式，因此把商业模式的目的定义为企业成长。由此，不同于其他的理论视角，企业成长、企业理论既是本书中商业模式的思考基础，也可以当作理解商业模式的基本前提。商业模式把看得见的手（即管理）和看不见的手（即市场）连接起来，这是本书思想的出发点，也是本人专著《拉得上的手：商业模式设计的逻辑》（清华大学出版社，2014）的基本思想。

对于商业模式的关注，起源于作者在用友公司专职工作期间（2001—2005）。一方面，从事产品管理和产品市场的工作，需要关注产品创新与商业绩效之间的关系；另一方面，当时市面上兴起"利润模式"等咨询类书籍，使得商业模式成为实践中有意义的思考启发。当时我们把 business model 称为业务模式、经营模式，逐步地在学术研究上统一称为商业模式。其实，这也从侧面反映了人们对于商业模式的认识和理解是一个发展的过程。

本书的内容来源于本人在北京交通大学 MBA"商业模式创新"课程（2015—2022）上的内容，同时也对自己的专著《拉得上的手：商业模式设计的逻辑》进行了理论的应用解释。2015 年初次开设"商业模式创新"课程，仅为16 学时的尝试。待课程结束后，那些积极参与课程的 MBA 学生们强烈建议此课程应该扩充到 32 学时。最初的课程开设有一些条件的限制，包括缺乏相对规范的教材、缺乏可靠的成体系的案例支撑、缺乏课程知识体系的框架等。因此，课程的起步就以《拉得上的手：商业模式设计的逻辑》一书为教材参照。

从 2016 年起，我萌生了写一本商业模式教材的想法。时间过去了 7 年，至今方才完成。这期间，一方面，课程的内容不断丰富，课程内容体系不断完善，到 2019 年就相对稳定了。另一方面，课程的支撑案例越来越丰富，为课程内容的夯实创造了有效的支撑条件。与此同时，对于产品架构研究的持续深入，为我提供了理解和把握商业模式知识体系的架构思想和策略，这也使得商业模式的课程内容体系更具近似产品架构的风采。由此，以《拉得上的手：商业模式设计的逻辑》为思想和理论底稿，以 MBA"商业模式创新"课程为骨架，构成了本书的内容体系。本书的主体内容由三部分构成，分别是思想框定、创新发起和实施评估。思想框定解决如何理解商业模式；创新发起解决商业模式创新的策略方式及条件问题；实施评估则关注商业模式的创新扩散和评估策略。

自 2015 年起，本人讲授的 MBA"商业模式创新"课程，每学年持续升级，历经四个大版本的课件设计和内容构成的改进完善，经过 7 年的课程应用，得到了很大一部分 MBA 听课学生的认可。在课程讲义和讲授内容的基础上，本书内容得以成形。

本书的完成过程得到了研究生程露平和李方程的通力协助。如果没有程露平和李方程的鼎力协助，本书的完成时间估计还得推迟。其他研究生对书稿的文字等方面进行了校正，他们是段彩丽、夏梦圆、王秭、王立扬、魏诗惠、徐妍、张伊帆等，在此一并表示感谢！特别是张伊帆对于文字校正帮助很大。

本书的定位是普及版的商业模式教材，适用于 MBA 学生、经济管理专业的博士生、硕士生和高年级本科生，以及对商业模式实践感兴趣的企业高级管理者。如果想更深入地理解本书的支持理论，建议配套阅读《拉得上的手：商业模式设计的逻辑》。如果希望更好地从企业理论视角理解商业模式，建议配套阅读钱德勒的专著《规模与范围》。

书中定有许多不足之处，敬请读者不吝指正，非常感谢！

顾元勋

2023 年 8 月

目 录

第 1 章

理解商业：现实观察与价值观

　　本章将从社会学观察和现实观察的视角走进商业,探究商业模式的价值观和基本出发点。学习完本章后,我们将会了解到商业模式需要解决哪些问题？出租车司机是否有商业模式？路边摊、小卖部和沃尔玛之间的区别在哪里？

1.1　商业的社会学观察

1.1.1　俗语诠释

　　"物以稀为贵。"

　　"一分钱一分货。"

　　"便宜没好货。"

　　"便宜就是贵。"

　　"宁愿一人吃千次,不愿千人吃一次。"

　　"炮制虽繁必不敢省人工,品味虽贵必不敢减物力。"

　　"料多少,计贵贱,以其所有,易其所无,买贱鬻贵。"

　　"天下熙熙皆为利来,天下攘攘皆为利往。"

　　……

　　俗语是人们长期实践总结形成的商业智慧,对我们理解商业有很大帮助。以上俗语就是商业社会学观察的典型代表。

　　"物以稀为贵",意味着物品由于稀少而显得珍贵。"一分钱一分货""便宜没好货",意味着商品的价格太便宜了,货物的质量也就难以保证。"便宜就是贵",意味着便宜的往往是最贵的,而最贵的往往是最便宜的。我们评价商品贵还是便宜应该以商品的价值为依据,有些东西价格便宜,但是消费者买来之后发现不是自己需要的,或者不符合自己的预期,投入了时间和金钱却买来对自己价值不大的东西是为贵。相应地,虽然有些东西价格贵,但是消费者买来之后能够享受到优质的体验,满足了自己的需求,还能够长期使用,反而最为便宜。生活中的很多例子恰恰印证了"便宜就是贵",如商品存在某些问题或更新换代才会打折,商家数次的免费试用是为了顾客往后长久的消费;免费打车、免费骑车是为了占领市场,以后也会抬高价格;小商小贩卖的食物便宜,但是质量安全无法保证,甚至食材不新鲜可能带来吃坏肠胃的安全隐患,增加大笔花销……因此在买东西时,只要是便宜很多的,我们就需要仔细盘算一下是否真的便宜。在网上买东西也是一样,太便宜的东西可能质量会有隐忧。"天上不会掉馅饼,天下也没有免费的午餐,买的没有卖的精。"大部分卖家正是利用了人性的弱点。

曾经看到一家小吃店,秉持"宁愿一人吃千次,不愿千人吃一次"的经营理念。菜品不在多而在精,重要的是保证菜品质量,发展回头客,最终小吃店经常顾客满堂。

"炮制虽繁必不敢省人工,品味虽贵必不敢减物力"是北京同仁堂的古训,体现了其制药理念:制作工序虽然烦琐,但不能因为繁杂图省力而节省人工;材料虽然贵,但不能偷工减料。北京同仁堂能够成为全国中药行业著名的老字号,正是因为长期恪守这条古训。如今一提到买中药,大家往往会首先想到同仁堂。反观同样是老字号的其他行业的老店,有的业绩连年下滑,面临经营危机。究其原因:一是价格贵;二是质量差,产品没有及时改进;三是服务态度不好。同样是老品牌、老字号,发展状况却大相径庭。因此,我们在理解商业的时候,势必要思考其背后的原理。

"料多少,计贵贱,以其所有,易其所无,买贱鬻贵",形容的就是在买与卖双方之间互通,实现低买高卖。"天下熙熙皆为利来,天下攘攘皆为利往",意味着无利不起早,利益会引导人们的行动。大家首先都是俗人,都是逐利的。不应当把普通人当作圣人,按照圣人的标准去要求,这更可能是一个由俗至圣的过程。

俗语体现的商业智慧涉及方方面面,这些经验性的总结被口口相传,也被当作商业经营的原则。而对于管理学的研究和学习来说,俗语所指出的商业背后的原理是什么呢?

1.1.2　商业模式是关于人性的判断

商业就是关于人和人之间关系的处理。"天下熙熙皆为利来，天下攘攘皆为利往。"司马迁说得很清楚，人首先是逐利的，与商业模式直接相关的就是对人性的判断。

华为公司任正非谈到对自己的评价时说："我不懂技术，不懂财务，不懂管理，我的作用就是提了桶糨糊，把华为 19 万人粘在一起，力出一孔、利出一孔，才有今天华为的强大。"这桶糨糊就是华为摸索了 20 多年的合伙模式，把员工变成合伙人，让每个干得好的员工都有机会跟公司共享分红。任正非说过："钱给多了，不是人才也变人才。"发钱多员工就有干劲，平时每个人都是英雄，关键时候才有千军万马冲上去。

因此，我们在理解商业和商业模式的时候，首先得理解人，特别是得先理解客户，这是分析商业模式的切入点。

1.2　"的哥"的商业模式创新

"出租车司机有没有商业模式？出租车行当的商业本质是什么？"请大家带着以上问题阅读下面的案例。

1.2.1　案例正文

案例：上海滩第一"的哥"臧勤

臧勤是上海大众新亚出租汽车有限公司的一名出租车驾驶员。2006 年 3 月，微软（中国）部门经理刘润的一篇《一个出租车司机给我上的一堂 MBA 课》在网上广泛流传，将这位具有传奇色彩的出租车司机推到公众视线之内，臧勤一时间成为家喻户晓的"草根英雄"。当时，多数出租车司机月收入不到 3000 元，而臧勤的营收额平均每月在 1.6 万元左右，扣除各项支出后的月收入约为 8000 元。他是行业内数一数二的高薪司机。

臧勤在工作中透出"管理思维"。他研究计价器一天中的详细记录："我每天开 17 个小时的车，每小时成本 34.5 元。"在他看来，"成本是不能按公里算的，只能按时间算"。"每次载客之间的空驶时间平均为 7 分钟。乘客上车后，

10元起步价大概需要10分钟。也就是说，我每做10元生意要花17分钟的成本，就是9.8元，不赚钱。"根据核算，"20元到50元之间的生意，性价比最高"。

在臧勤看来，要用科学的方法——统计学来做生意。天天在地铁站口排队是赚不到钱的。"有一次一个人打车去火车站，我问他怎么走。他说这么这么走。我说慢，上高架，再这么这么走。他说，这就绕远了。我说，没关系，你经常走你有经验。你那么走50块，你按我的走法，等里程表50块了，我就翻表。你只给50块就好了，多的算我的。按你说的那么走要50分钟，我带你这么走只要25分钟。最后，按我的路走，多走了4公里，快了25分钟，我只收了50块。乘客很高兴，省了10块钱左右。这4公里对我来说就是1块多的油钱，相当于我用1元多买了25分钟。刚才说了，我一小时的成本34.5块，多合算啊！"

臧勤认为，"千万不能被客户拉着满街跑。而是通过选择停车的地点、时间和客户，主动地决定你要去的地方。有人说出租车司机是靠运气吃饭的职业，我认为不是。你要站在客户的位置上，从客户的角度去思考。""我在徐家汇只做两个地方的生意——美罗大厦和均瑶大厦。因为从写字楼里出来的，肯定去的地方不近。"

"给你举个例子，医院门口，一个拿着药的，一个拿着脸盆的，你带哪一个？要带那个拿脸盆的。手上拿药的人多半是小病小痛，不会跑到离家太远的地方去看病。而拿脸盆的人一定是住院的，路程通常会更远。同样是拉一趟客，收入却相差悬殊。住院哪有不死人的？今天二楼的谁死了，明天三楼又死了一个。从医院出来的人通常会有一种重获新生的感觉，重新认识生命的意义，健康才最重要。那天这个说：'走，去青浦。'眼睛都不眨一下。你说他会打车到人民广场，再去坐青浦线吗？绝对不会！"

"再举个例子，那天在人民广场，三个人在前面招手。一个年轻女子，拿着小包，刚买完东西。还有一对青年男女，一看就是逛街的。第三个是个里面穿绒衬衫，外面羽绒服的男子，拿着电脑包。我看一个人只要3秒钟。我毫不犹豫地停在这个男子面前。这个男的上车后说：'延安高架、南北高架……'还没说完他就忍不住问：'为什么你毫不犹豫地开到我面前？前面还有两个人，他们要是想上车，我也不好意思和他们抢。'我回答说：'中午的时候，还有十几分钟就1点了。那个女孩子是中午溜出来买东西的，估计公司很近；那对男女是游客，没拿什么东西，不会去很远的地方；你是出去办事的，拿着电脑包，一看就是公务。而且这个时候出去，估计应该不会近。'那个男的就说：'你说对了，去宝山。'"

"做好一车之后，还要决定往哪儿拐弯、怎样规避交通高峰，并通过挑选行车线路来主动选择所载的客人。"此外，臧勤十分注意收听电台广播，特别留心市内举办的商业交易会等活动，"靠资讯引领生意。"他所在车队的负责人表示，"像他这样用脑子开车的驾驶员确实罕见。"

臧勤更是一名快乐的哥。他说，有些司机会抱怨交通拥堵、油价上涨，但外在环境是不能改变的，最好的办法就是改变自己。因此，他遇到红灯的时候，就"放一粒五香豆到嘴里，看看街景，有时感觉就像自己在开私家车兜风"。

让臧勤最得意的是他和乘客之间"良好的互动"。"乘我车的客人，多数都和我聊得很愉快，往往奇怪怎么这么快就到了。""我很珍惜与乘客之间20分钟的缘分。"

臧勤说，自己想做一名有素质、有头脑、有文化、很快乐的"车夫"。他平时喜欢看很多书，还有《财富人生》这类电视节目，"当然不只是单纯地看，还要去思考。"

案例来源：刘润《一个出租车司机给我上的 MBA 课》2006-03 https://zhuanlan.zhihu.com/p/479645783

1.2.2　案例分析

从"的哥"臧勤的案例中可以看到，在获取客户方面，臧勤对位置或者场景的选择很巧妙，他有自己的路线设计，分时间段获取客户，有意识地对客户进行筛选。如同卖烤地瓜的小摊摆放在当街的地方，臧勤很明确地知道在什么地方能碰到自己的目标客户，通过挑选行车路线来主动选择守在那里的客人。

另外，他很清楚目标客户是如何做出购买决策的。对于什么时候大家最容易快速坐车，他有自己独到的判断。首先，医院门口的顾客决策时间快。其次，上下班的人因为可以报销，所以坐出租车也不会犹豫。这意味着"客户愿意做出决策"这一点非常重要，地理位置和时段这两个要素会影响客户是否快速做出决策，客户的快速决策能够为他节省很多时间。

臧勤在行驶过程中还非常注重和客户的沟通以及良好的互动,他注意到20元到50元的生意性价比最高,发展了一批回头客。长期客户中不乏外籍人士,常常包租,给臧勤带来不菲的收入。这就是所谓的重复购买。重复购买能带来规模经济,规模大了,投入的成本才能均摊下来。另外,在当时司机都按照公里数计算成本,看重油费的情况下,臧勤看重的是时间成本。他认为时间是没有弹性的,通过把控客户量和每单时间,提高运营效率、降低可变成本,这个方法也使他保持了很好的规模经济。

和"的哥"臧勤一样,任何一个企业的经营过程,几乎遵循同样的道理。首先,得找到客户或者能够让客户找到你;其次,需要把握客户是如何做出购买决策的,并在这个过程中给客户提供优质的产品或服务;最后,要注重整体的运营效率,保证规模经济。

1.3 商业模式的现实观察

1.3.1 商业模式的直接观察:双向寻找,达成购买决策

在日常生活中我们观察卖烤地瓜的小摊小贩,可以发现,这些商贩一般都会出现在人流量大的地方,比如学校、商场、地铁口、公交站,目的就是让你能找得到他们,同时他们也能找得到你。因此,顾客和商家能双向搜寻,这一点非常重要。同时,需要注意的是,商家需要首先明确"谁是潜在的客户?哪里有潜在客户?"对于卖烤地瓜的小商贩,他们的潜在客户是路上的行人;而出租车司机的潜在客户则是有交通需求的人。

但是,做到潜在顾客和商家能双向搜寻还不够,要让客户达成购买决策,最根本的是要让客户买单,使潜在客户变成真正的客户。

我们试着思考一下:路边摊、小卖部和沃尔玛这三者的商业模式在本质上是一样的吗?首先,它们做的事情是一样的,都遵循了"低买高卖"原则,但规模却出现巨大差别。这是为什么?除了商品种类、店铺数量、经营规模量级不一样以外,最大的差别在于沃尔玛的客户基数多,有大量的重复购买。任何商业模式如果不考虑客户都是纸上谈兵,没有客户成交的商业模式更是无稽之谈。怎么让客户买单、做出购买决策?这是很多企业商业模式"临门

一脚"的问题。这一点上沃尔玛的处理方式值得借鉴：沃尔玛始终不遗余力地追求一流的成本管理能力，业务能力时刻在为降低运营成本服务，使其能够以"天天低价"实现薄利多销。反观很多路边店，店门口人流量大，但实际进店的成交量少、流量转化率低，这就是问题所在。简言之，客户不做出购买决策，商业模式也就无效了。

1.3.2　商业模式的深入思考：产品—服务权衡，规模和范围经济

再做进一步的深入思考，客户购买决策完成后得到了企业提供的产品和服务。这个时候站在企业角度需考虑：企业有多少客户最合适？客户太多了怎么办？市场潜在客户数量达到极限怎么办？企业的运营能力有限，因此接待客户的能力有限，并且企业成长的速度和高度有限定，不能无限成长。所以在能提供的产品和服务量一定的条件下，需要权衡产品和服务。如果企业提供的产品太多，而配套的服务体系无法跟上，企业又应如何应对？

另外，有了客户并不意味着企业就能实现长期生存和发展。企业还需要形成规模经济和范围经济。没有规模经济，企业的平均成本居高不下，就会阻碍企业经营规模的扩大，不利于企业的生存和发展。因此，企业在获取客户之后，如何提高其经营效率也是商业模式的关键和挑战。

1.4　理解商业模式

1.4.1　价值观：客户是企业经营的根基，客户决定了企业经营什么

德鲁克(Drucker)[1]认为："客户决定了企业的经营是什么。因为只有客户愿意为商品和服务付钱时才能把经济资源转化为财富，把物品转化成商品。企业经营所考虑的其能提供什么、能生产什么不是第一位的，特别是对于企业的未来和成功而言不是第一位的。客户所想所买，客户认为有'价值'的才是决定性的，这决定了企业经营什么，企业该生产和提供什么，以及企业能否兴旺。客户是企业经营的根基，客户才能让企业存在。"

由于市场竞争中能够给企业带来收入的唯一来源是客户，并且企业是为市场而生产，因此，解决好企业的客户获取问题就是在解决企业生存的根本

问题。当企业拥有了客户,意味着企业不仅可以知道为何而存在,还可以进一步创造条件而实现规模和范围经济。这样,商业模式设计的根本问题,就是如何获取客户并如何更好地满足客户需求[2]。

1.4.2 出发点:商业模式的基本出发点——交换

商业模式首先需要面对的是关于商业(business)的基本问题。正如亚当·斯密[3]所指出的,劳动分工依赖于交换,而交换超越了个人的需求,人们必须依靠交换才能够生存。因此,商业的基本出发点依赖于交换。在与客户接触的基础上,企业还需要让客户达成购买决策,否则潜在客户不会自动转变成真正的客户。只有交换达成了,价值实现才能完成。因此保证和促进交换的达成是商业和商业模式的基本出发点[4]。

1.5　关于商业模式的十个论断

在上述基本分析上,本书以《拉得上的手:商业模式设计的逻辑》[5]为基本的参照,提出关于商业模式的十个论断,这也是后续章节的主导逻辑。

(1)商业模式的基本出发点——交换。如果一个企业里所有的商业经营都没有与客户达成交换,那么这个企业是无法生存的。这就是强调认知一致性是商业模式基本落脚点的原因,因为让客户和企业达成购买决策是企业最基本的问题。

(2)商业模式的根本逻辑和本质:拉得上的手(the connectible hand, TCH)。在看不见的手(the invisible hand, TIVH)即市场[6]与看得见的手(the visible hand, TVH)即管理[7]之间建立调谐机制(tune),这就是 TCH 商业模式。

(3)双向搜寻。在商业模式构建和运行的过程中,企业和客户双方都需要掌握和引导主动权,由此商业智慧的根本在于"组织和动员"。

(4)产品—服务依存。特别是产品和服务之间的转换,是创造商业机会和利润的源泉。

(5)能否达成购买决策决定企业生死。商业模式必须把购买决策作为根本任务。

(6)规模(和范围)经济是商业模式的基本治理机制。企业要有效率,没有效率就无法竞争。拥有规模经济意味着企业有一个弹性的价格调整空间，以应对价格战的冲击，并且规模（和范围）经济是衡量成长效率的指标。

（7）商业模式创新的基本方式：组合/重新组合。这在于 TCH 商业模式四个元素的重新组合。

（8）商业模式创新与设计的方法：TCH 矩阵。通过 TCH 矩阵可观察商业模式的动态演化，包括定位和迁移。

（9）商业模式创新既存在于商业模式之外，也存在于商业模式之内。在对商业模式进行创新时，不仅要考虑商业模式本身，还要考虑它的互补条件，特别是产品创新的影响。

（10）商业模式的创新结果：通过组织来预测。商业模式创新的实施和评估都需要依靠组织来预测。组织是管理中最基本的职能，也是商业模式能否变成现实的最基本条件。

1.6　本 章 小 结

1. 本章主要内容

（1）人是逐利的，商业模式是关于人性的判断。

（2）顾客和商家需要双向搜寻。

（3）商业模式的根本是使客户达成购买决策，让潜在客户变成真正的客户。

（4）企业的能力不是无限增长的，产品与服务间需要权衡。

（5）企业需要通过规模经济降低成本。

（6）客户是企业经营的根基，客户决定了企业经营什么。

（7）商业模式的本质和基本出发点——交换。

（8）商业模式的十个论断是后续章节的主导逻辑。

本章内容结构，如图 1-1 所示。

2. 启发思考题

（1）还有哪些俗语能体现出商业的社会学观察？

（2）理解商业模式的基本出发点是什么？

（3）商业模式的本质是什么？

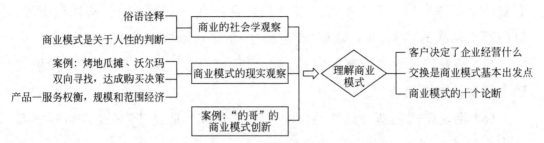

图 1-1 "理解商业：现实观察与价值观"的内容结构

（4）商业模式的价值是什么？

（5）商业模式设计的根本问题是什么？

（6）关于商业模式的十个论断，你能够从中得到什么启发？

1.7 参考文献与注释

[1] Drucker,P. F. (1954). The Practice of Management. New York,NY：Harper & Brothers. P. 37.

[2] 顾元勋 著(2014). 拉得上的手：商业模式设计的逻辑. 北京：清华大学出版社. P. 208.

[3] Smith,A. (1776/1976). An Inquiry into the Nature and Causes of the Wealth of Nations. Chicago，IL：The University of Chicago Press. P. 26.

[4] 顾元勋 著(2014). P. 8.

[5] 顾元勋 著(2014).

[6] Smith,A. (1776/1976).

[7] Chandler,A. D. ,Jr. (1977). The Visible Hand：The Managerial Revolution in American Business. Cambridge,MA：The Belknap Press of Harvard University Press.

[8] 案例来源：刘润. 2006-03.《出租车司机给微软员工上的 MBA 课》. https://zhuanlan. zhihu. com/p/479645783.

第 2 章

商业模式的概念和基础架构

上一章我们从现实观察视角理解了商业模式的价值观和出发点。本章将阐述商业模式的基础知识，给出商业模式的概念、商业模式的真正内涵、商业模式的形态与结构、商业模式设计的基础分析框架。

2.1 什么是商业模式

任何一个企业都有商业模式，并且追求成长也是企业的永恒目标。无论企业目前处于什么状态，都需要考虑成长。无论是世界级的知名大企业，如 IBM、微软、华为，还是一般的来自各行各业的企业，都把成长作为企业的一个基本目标。但是同一行业的企业为什么在成长规模上出现如此之大的差异？我们可以从商业模式(business model)的视角更加深入地分析企业间存在成长差异的现象。由此，企业出现成长差异，其背后所依赖的是不同的商业模式设计逻辑[1]。

到底什么是商业模式呢？人们对于这个问题的回答众说纷纭，因为每个人的出发点不一样，看待问题的视角不一样，强调的要点也不一样。此外每个人的背景、阅历、专业不同，因此很难得出统一的商业模式定义。从目前的观点来看，商业模式是通过两种形式来定义的：一种是基于形态的(form-based)，一种是基于结构的(structure-based)。前者，基于形态的商业模式，主要描述了商业模式的构成元素，给出了商业模式的描述性概念。后者，基于结构的商业模式，从商业模式的原理出发，给出了商业模式的结构化定义。特别是 Amit 和 Zott[2] 依据价值理论、交易成本经济学、战略网络和创新理论，研究提出了商业模式是关于交易的内容、结构和治理的一种刻画，目的是通过寻找商业机会实现价值创造。这一概念从原理上给出了商业模式的定义，其核心是以交易(transaction)为基本分析对象。然而，Teece[3]认为，已有的商业模式概念之间是存在冲突的。

因此,此处需要明确地给出商业模式的概念定位,包括:

(1) 以交换(exchange)为起点;

(2) 水平方向视角(企业从生产组织演变为协调组织);

(3) 开放系统和外部资源依赖;

(4) 高级管理层的职能。

最后本书把商业模式定义为企业与其环境界面上的调谐机制[4]。

2.1.1 交换是商业模式的定位起点

在第一章中,我们指出商业模式的基本出发点是交换。为什么是交换?如果一个企业没有客户,这个企业就没法生存。商业模式不是我们表面上所理解的路边摊或沃尔玛,那只是一个物理场所或者经营场所,只是经营主体的符号表达。在商业模式的概念定位中,有一项是与场所相关联的,即客户,需要特别注意。比如本书在商业模式的现实观察中提到,臧勤在开出租车时,首先找的是客户,即哪个地方有客户,什么样的客户会快速做出决策,怎样保证很好的规模经济。因此商业模式不是一般意义上所理解的京东、阿里、华为的模式,而应将其抽象成企业的符号和基本原理。

拿什么去交换?跟谁去交换?这是思考商业模式最基本的出发点。周末去商场吃饭,我们经常能看到一种情形:有的店门口排起了长队,有的店里寥寥几人。为什么会出现这种情况?为什么有客户,但是没法发生所谓商业上的交换?为什么门前客流量巨大,但是客户不进店?企业需要搞清楚客户为什么和你交换,以及怎样才能让客户心甘情愿上门。只有交换达成了,价值实现才能完成。

2.1.2 水平视角:从生产组织到协调组织

企业的本质,即企业从生产组织演变为客户服务组织的过程,反映了企业决策中心的转换。

科斯[5]认为企业是市场的替代物,交易成本决定了企业的边界。威廉姆森(Williamson)[6]进一步认为,交易而不是技术,决定了企业组织的选择。他提出了资产专用性[7]的核心概念并用之解释交易,由此决定了企业所采用的组织方式。与此形成对比的是,理查德森(Richardson)[8]认为企业和市场不是二分的。他把组织和市场看作企业协调的两种基本方式,提出企业活动具有相似性和互补性,并用企业的组织能力(即知识、经验和技巧的运用)来判断企业是采用组织还是市场进行劳动分工,这就是企业和市场的互补性。根据钱德勒[9]的研究,企业是一个整体,企业管理的前提条件是市场所产生的产品和服务需求。此前提条件的合理性来源于企业家的战略预期,企业则通过生产和分销来实现这种预期。同时钱德勒认为,现代工商企业从事了市场的一些职能。此论断使得企业的分析范围从企业内部走到了企业边界,但是止于企业与市场的边界上。同时,巴纳德[10]则把客户纳入了企业组织的合作系统之中。这样,企业在作为生产组织,到交易实现组织,一直到客户服务组织的决策迁移过程中,不仅作为产品或服务的提供方出现,而且实现了其对于服务对象(客户)的把控以及对于其需求的满足,有效地实现了企业的成长,实现了规模与范围经济。

而商业模式设计,则试图把这个边界上的问题弄明白,看清边界上的玄机所在。如果能够弄清楚边界上的玄机,则可以为"钱德勒的前提条件"提供充分的保障。而在企业家的战略预期中,这种前提条件如何保障和预期是企业成败的关键所在,即关心市场到底在哪儿?虽然钱德勒[11]进一步强调了三重投资(管理、生产、分销)的重要性,但是并没有明确分销(包括渠道和营销)的形成机制,同时也没有明确论述产品(和服务)特性对于分销构建的影响。这样商业模式设计就把组织能力[11]的概念扩展到企业以外的环境中去,而且实现了与通过量(throughput)的衔接,也就是商业模式连接了管理与市场。

从企业的整体性存在而言,传统的经济学认为企业是生产组织。彭罗斯[12]认为企业是管理组织,也是生产资源的聚集组织。前者需要依赖于协调相关的活动而形成一个企业整体,后者则需要企业聚集生产性资源来生产和销售产品与服务。钱德勒[13]也明确地提出,企业本身而不是交易才应该作为分析单位,组织能力(指通过学习过程而形成的组织技巧)是理解企业整体的根本。

这样,企业的决策迁移路线越来越清晰了。即企业在作为生产组织,到交易实现组织,一直到客户服务组织的决策迁移过程中,实现了从生产驱动到消费驱动的转变。企业不仅作为产品(和服务)的供应方出现,而且把握了服务对象及满足其需求的方式,有效地实现了企业的成长,实现了规模与范围经济。因此,在本书的商业模式定位研究中,把这种演变的趋势作为提出和形成新商业模式分析基础的理论依据之一,也就是 TCH。商业模式设计很好地统一反映了企业的这种特性演化,在商业模式的分析视角中,企业与市场的关系是在水平方向上观察的,即提供商→商业模式→市场与客户;而不是作为垂直方向上的战略—组织的下属,即战略→商业模式→运作。由此企业被作为与外界有交换的开放系统就成为必然[14]。

2.1.3 开放系统与外部资源依赖

企业作为开放系统,需要依靠外部资源的输入,才能很好地实现组织目标。

无论企业作为生产性资源的聚集者,还是依赖市场作为一种协调手段,都需要与外部环境之间进行资源、信息的交换,也就是说企业是作为开放系统而存在的[15][16]。正如 Katz 和 Kahn[15]所说,组织作为开放系统,必须要有持续的来自环境的输入,并且原材料和人力资源的输入不是一个常量。同时,不应该把组织看作与环境无关,或者认为环境会给组织带来不规范,而应该在开放系统理论的视角下认识和理解组织,把环境影响看作组织与社会系统整合关联的方式。企业市场研究仅仅盯住市场是不够的,仅仅盯住市场是一种封闭系统的思维方式,而企业市场研究需要与社会系统关联。在企业组织的商业模式定义上,需要根据开放系统的理论,把输入、转换和输出作为分析商业模式生命力的基本方法之一。由此,商业模式的定义需要把来自企业外部环境的输入、企业的内部处理能力和企业的目标输出作为基本的分析策略。企业的商业模式能量来源需要从环境角度分析其输入,寻找商业模式对于外部资源的依赖[17]。而企业的转换能力则需要遵循大型企业的基本运行规律,以通过量为基本衡量准则[9][11],以规模和范围经济为基本分析方法[11]。企业的输出则以企业的成长理论为基本导引,把利润作为基本的判断标准[12],同时考虑企业的市场份额和营业额。

2.1.4 高级管理层的职能视角

从商业模式的企业价值上看,商业模式应该属于企业层面的事务,因此其对应的角色往往是企业的高级管理层。钱德勒[18]把分配资源决定企业全局决策的高级管理层定义为企业家，Dearborn 和 Simon[19] 则使用顶级管理层（top executive）表达具有企业全局决策权利的管理层。此处统一称为高级管理层，即那些具有观察和布局企业全局发展权利的管理层。由此，可以从企业高级管理层的职能之中发现其对于商业模式的启示。巴纳德[10] 认为，高级管理层的基本职能是协同，以建立合作系统。此处的合作系统包括了"人、物理系统、社会系统和组织；而组织是合作系统的一个部分，且完全由协调的人类活动构成"。因此，对于高级管理层的职能而言，需要建立起组织与其外围环境和谐共处的体系。进一步地，巴纳德[10] 认为，高级管理层的另一项职能是设立组织意图、目标和目的。因此，高级管理层的领导力不仅是技术方面的领导力，还是对于目标的预见性和理想性的卓越判断力。商业模式作为企业层面的事务，必须有组织目标的指引，所以从企业高级管理层的视角来看待商业模式更合理，也是必然选择。商业模式必须有一个明确的目标。由此看出，高级管理层的目标、组织与外部环境的关系就是商业模式的基本思考范畴。

巴纳德[10] 和西蒙[20] 皆认为保持组织均衡（即组织生存）是必需的，因此生存是组织存在的基本目标，而成长是企业存在过程中的战略目标。巴纳德[10] 还进一步认为，处理组织与环境的关系是生存的最高和基本平衡。更进一步地，成长和扩张是企业的一种天性[20]。在商业模式的设计中，生存是最基本的目标，而成长是企业的必然追求和目标。钱德勒[18] 在分析美国大企业的成长过程中论述道：企业的成长依赖于市场的开拓，或者通过产品多样化（增开新的产品线）以充分利用自己的已有渠道，或者通过加强营销组织，或者通过进入新的市场领域。钱德勒[11] 更加强调了市场扩张和产品多元化是企业成长的主要途径，并且规模经济与范围经济是衡量成长效率的基础指标。

由此，商业模式被定义为：商业模式是企业与其环境间的调谐机制。商业模式以调谐机制作为分析单位，包括了：价值实现频谱、产品—服务依存关系、认知一致性三个基本维度。其中组织能力和外部资源依赖是商业模式设计的基本条件，规模与范围经济是基本的衡量标准[21]。

从商业模式的定位分析来看，商业模式在企业与其环境之间建立了桥梁。一方面，企业依靠命令来协同掌控企业内部的管理，如钱德勒认为管理作为看得见的手而存在[9]；另一方面，企业需要依靠环境和市场，借助亚当·斯密所谓的看不见的手[22]来动用环境资源。但是钱德勒[18]指出，成长为大型企业的过程、配置资源时所作出的决策和资源使用方式需要依靠相关信息才能有效实现，特别是当管理和市场之间存在间隙时，选择成长为大型企业的方式是企业最关键的问题。因此，此处把商业模式作为看得见的手和看不见的手之间的连接，并称为拉得上的手。即企业在管理和市场环境之间的连接不是不言自明的，商业模式是企业战略决策的决定，这些决策可以在整个企业范围内，或者在具体的业务范围内。无论哪类情形，都需要依靠组织能力和外部资源。商业模式是企业内外资源配置的方向性决定，是关于企业（业务）全局的基础决定[21]。

2.2　商业模式的含义

2.2.1　商业模式是企业与其环境间的调谐机制

商业模式是企业与其环境间的调谐机制。一方面，企业会通过对外部资源的寻求和对内部能力的调整，适应性地应对环境挑战。另一方面，企业通过对生态关系（群体行为）的塑造和生态位（个体行为）的建立，共性地重塑环境格局。本书通过伊顿纪德的案例来帮助理解商业模式的这一本质。

案例：中国校服知名品牌——伊顿纪德的成功之路

伊顿纪德由其总经理陈忠于 2009 年创建。陈忠家住南京市中心，经常会看到穿着宽宽大大运动款校服的学生在大街小巷穿行，这种款式难看、缺乏个性的校服给他留下了深刻印象。从事的服装出口业务中也经常有中小学生的校服订单，他发现欧美的校服很好看，穿在学生身上显得优雅干练、朝气蓬勃。是否只是南京的学生校服款式才这样难看？难道中国家长、学生和其他各类人士都对此熟视无睹？

充满疑惑的陈忠通过调查发现，中国校服市场规模庞大但高度分散。2011 年我国中小学生的人数达到 1.7 亿以上，潜在市场规模十分惊人。而且进入校服市场的企业大概有 2000 多家，这意味着无论是供应者还是市场都很分散。与此同时，对校服款式提出质疑的大有人在，有关人士、家长和学生的看法和要求各不相同。陈忠认为，这些差异反映了经济水平和消费观念的不同，因此应该对校服进行市场细分。家长对校服的态度有些消极，是因为不了解校服可以做得很好看，因此更应该加以引导。他坚信只要价格不离谱，美观大方、充满青春朝气的校服肯定会打动无数家长和学生。如果学生愿意在更多场合穿上价格不贵、美观漂亮的校服，岂不是帮家长节省了为其上学子女购置一般服饰的费用？由此看来，不仅校服市场充满机会，而且美观漂亮的校服还可在很大程度上替代一般的青少年服饰。目前国内市场还缺乏好的青少年服饰品牌，这可能存在一个蓝海。

市场充满机会，应该充分利用。陈忠把做了几天的计划书交给苏美达集团下属轻纺公司的杨永清董事长，杨总看后很快做出了肯定的答复，认为这正符合集团"两个转"的战略，可成为苏美达转型升级的一个方向。虽说是白手起家，但苏美达集团的资源丰富、产供平台很大、声誉卓著，可以提供各种有形和无形的资源。陈忠就在这样的条件下成立了伊顿纪德品牌事业部，开始内部创业，正式步入了校服产业。

但要进入校服市场困难重重。首先是学校管理者观念方面的原因，大多数学校认为校服的作用就是为了统一学生着装，只要宽松、适合运动、耐磨耐脏以及易于洗涤和保管就行。其次是教育行政管制过强，学校领导要放开手脚改进校服会受到制约，承担校服制作的地方校办工厂与学校之间，存在着千丝万缕的利益关系。最后，校服市场也有制约。一方面，校服款式和生产成本以及使用寿命之间毕竟存在矛盾，价格较高的校服不能被所有家长接受；另一方面，高端服装企业并不愿意进入如同鸡肋的校服产业，这也限制了校服产业的发展。

在此背景下，陈忠要对校服市场进行细分，找出首要目标市场。最能体现伊顿纪德品牌定位的是 6～12 岁小学生穿的三件套，这是伊顿纪德开始时的主打产品。根据伊顿纪德的品牌定位和产品特点，伊顿纪德选择长三角地区、文化建设度高、进行素质教育的前 20% 的学校作为首要目标市场。一般来说，这些发达地区排名靠前的好学校，购买力较强，教育理念比较先进。学校校长更容易认同伊顿纪德的校服理念，较能抵制地方政府的管制，在校服购买上的话语权较大。不同于运动校服，三件套产品属于制式校服，这意味着学校和家长只要能认同三件套并拥有足够购买力，伊顿纪德也可在不打破学校原来供应关系的基础上，只做增量市场。伊顿纪德以此为突破口，逐步撕开了市场一角。

选择到合适的首要市场，并不意味着就能顺利进入市场，实现发展和盈利。校服的最终消费者是家庭经济条件参差不齐的广大家长和其在校子女，因此伊顿纪德必须在质量、价格等方面都有所顾忌，否则其产品在校服市场就不具有价格竞争力。为此，品牌要善于在价格天花板下平衡各种关系。

伊顿纪德校服款式不仅要美观、时尚、高品质，而且要多样化，针对不同学校的气质定制其"流动文化名片"，这些对成本的挑战都很大。如何解决个性化需求和规模经济之间的矛盾呢？虽然各个学校对款式的要求千差万别，但款式数量实际是能逐步收敛的。能逐步收敛的原因，一是不同学校的审美观实际差别不大；二是伊顿纪德营销人员可以和学校进行互动，引导他们就是在某些产品款式中进行选择。由此，伊顿纪德可以实行定制的采购流程。实际上只要是能被广大学校接受的成熟款式，就可预先备货，这样就大大减轻了供应链和成本压力。即使如此，生产部仍要经常落实批量很小的订单。他们采取的对策是开发了多家通过SGS验证的定点生产工厂，同时进行大单小单搭配。

服装品质主要取决于面料和做工，伊顿纪德结合家长对校服面料的关注点和政府部门的要求，在校服的面料方面严格把关。由此伊顿纪德的面料采购成本要比一般校服企业高许多。为了尽可能降低此项成本，伊顿纪德不仅通过面料标准化、优选供应商以及合理库存等方式来提高自己的采购批量，还努力与苏美达其他专业公司和部门实行联合采购，从而使面料采购成本不至于过高。

校服的推广，比其他普通消费品的推广更加复杂。校服购买决策结构中有倡议者、信息收集者、影响者、决策者、购买者和使用者等六种角色，但这些角色分别由校长、家长、学生和教育局扮演。有政府、有学校、有普通消费者，参与者身份和相互关系比较复杂。不同身份的参与者在决策中会扮演一种或几种不同角色。通过对校服市场行为的调查分析，陈忠弄明白了几个道理：第一，校服购买决策结构并不固定，有时还取决于营销者是怎么操作的。第二，虽然校长和教育局会考虑个人和小团体的利益，但毕竟还要体现家长和学生的意愿。由此陈忠采取的基本策略，一是既要适应市场，又要引导市场,如果款式、品质、品牌等可能的优势还不够的话,传统关系营销手段也得用,而且要用好。二是不断演进、逐步转换,即传统关系营销手段比重应逐步减少,而新创营销手段的比重要逐步加大。根据基本策略,伊顿纪德的营销可分为三个阶段:第一阶段,伊顿纪德对首要目标市场采取"扫楼式"推广,在和校长们交流时,陈忠不仅会介绍伊顿纪德校服的款式和品质,而且会谈教育理念;第二阶段,伊顿纪德开始通过官方网站、媒体新闻报道、口碑以及主动参加一些教育会议、校长会议和校服展销会进行品牌宣传;第三阶段,伊顿纪德加大了广告投入,大幅度提高了网络广告的投放量和覆盖面,扩大品牌影响力。

经过几年的努力,2013 年伊顿纪德的销售规模达到 1.8 亿,实现了 118％的年均复合增长率,品牌影响力急剧提升,获得了南京市著名品牌称号,成为业内知名品牌。伊顿纪德品牌的成功不仅在于发现了校服市场存在机会而加以更好地利用,而且在于超越校服市场、校服产品和传统关系营销方式,通过一系列市场创新、价值创新、营销创新、供应链创新,逐步改变行业的关键成功要素,并获得成功。

案例来源:中国管理案例共享中心 史有春《中国校服第一品牌——伊顿纪德的成功之路和困惑》

伊顿纪德改变了人们对校服的传统看法与印象,得到了市场的认可。伊顿纪德为什么能够成长起来呢? 创始人陈忠最初发现校服款式难看、缺乏个性,这让他发现了市场机会,但这并非伊顿纪德成功的关键。成功的关键在于其受到启发以后如何定位到明确的场景,找到潜在客户,进一步把潜在的客户变成真正的客户。

中国校服市场很大,但关键是如何进入市场。从什么地理位置切入? 从哪一类型的学校切入? 校长、学生、家长和教育局等角色中哪个角色在购买决策中占据主导地位?

在这个案例里有许多需要深入思考的问题和需要发掘的地方。首先,伊顿纪德选择长三角地区、文化建设度高、进行素质教育的前 20％的学校作为首要目标市场。这个市场中客户做决策的特点是行政干预少,家长的意识比较开明。客户做决策的过程不是固定的,有很多条件,要把其一块块地拆分才能发现优势的区域和切入点,而不是笼统地在市场上做一次营销或者广告。伊顿纪德在不影响已有供应关系的情况下做增量市场,从而减小了进入市场的障碍。

伊顿纪德对于解决客户问题的着眼点并不是我们理解的成本、品质、款式,它希望自身倡导的校服理念能被更多人认可。这个认可就是购买决策。这一点是理解此案例,或者理解几乎所有企业商业模式最基本的一点。伊顿纪德和卖烤地瓜的路边摊最大的差别就是卖烤地瓜的客流是盲目的,而伊顿纪德和臧勤很明确地知道有多大的概率可以产生交易。本质的区别出现了,这意味着我们在理解客户的时候,购物的场景构建出现了挑战。虽然市场没问题,但对场景的理解或者构建实际上很不一样。

在伊顿纪德校服案例中,企业在选定目标市场时尽可能减少了客户购买决策过程中的行政干预,所以很重要的一点是企业需要影响客户决策过程。企业要观察这些客户,为什么会做出购买决策。首先在理念上,关于价值观的判断,需要得到客户的认可。伊顿纪德校服案例就很好地利用了客户已有的价值观。他们很好地理解了哪些客户容易接受新校服,利用客户的认知资源,让客户达成购买决策。把潜在的客户变成真正的客户,这是商业模式首先要解决的问题。如果商业模式的起点不考虑客户,那么卖的东西就难以得到客户的认同。供应和需求两者需要匹配,双方都达成一致才可以。任何一项业务,如果没有顾客愿意买单,那就是无效的。

有了客户并不意味着企业能够盈利,企业要平衡规模经济和个性化需求之间的矛盾。客户的需求五花八门,如果校服款式过多则会增加成本。伊顿纪德实行的是母公司集中采购、款式控制、地区款式划分的策略,从而保证在相同款式里形成规模经济,降低了变动成本。通过对采购、生产、销售等流程进行持续优化调整,伊顿纪德在提供时尚、高品质的校服的同时使成本得到了较好的控制。母公司苏美达集团也为伊顿纪德提供了充足的平台和资源,对伊顿纪德来说,苏美达集团既是外部的框架,同时又是内部的条件。

由上可以看出,面对难以进入的市场、复杂的购买决策、成本与用户需求的矛盾关系等挑战,伊顿纪德的以上做法实质上就是不断进行外部资源的寻求和内部能力调整的过程。

最初进入校服市场的企业有2000多家,供应者和市场比较分散。而伊顿纪德能动性地抓住市场机会,从众多校服企业中脱颖而出,成为国内校服品牌的领先者。同时,伊顿纪德的成功也引起了市场中的其他竞争对手的模仿和创新,这说明伊顿纪德重塑了市场的格局,改变了伙伴和竞争对手。而伊顿纪德如果想要继续保持领先地位,则需要建立一个生态位,优化价值链和供应链管理,为自己创造和扩大生存发展的空间和机会。

2.2.2　商业模式是关于企业成长的艺术

1. 商业模式的目的：企业成长

可能会有人会把商业模式理解为赚钱的模式,比如说低买高卖,买原材料加工生产增值。在这种模式正常流转的前提下,很多企业依然走向破产或是业务停滞,说明企业的商业模式理解存在问题。都是低买高卖,沃尔玛将商品卖到了全世界,而其他企业也做批发和零售,为什么不能卖出那么多商品？因此低买高卖或买原材料加工增值并不是商业模式,只是一个现象,我们应该透过现象挖掘事件的本质。如果把每个企业的经营都称为一种模式的话,那京东有一种模式,亚马逊有一种模式,当当有一种模式……以此类推,就可以找出成千上万种模式。那挑战就出现了,如果有成千上万种商业模式,那就会有同等数量的原理。由此,商业模式的知识理念也就无法复制和传播,同时其他企业应该找哪个模式去对标？因此在理解商业模式的时候,一定要区分现象和本质。

需要注意的是,不要简单认为商业模式就是赚钱的模式,赚钱只是一种现象。企业作为营利组织,其本身的基本商业目的就是赚钱,因为企业不赚钱就没有存在的社会意义,因此从逻辑上看不能也不应该把商业模式等同于企业本身的基本商业目的。商业模式的目的是解决企业成长问题,解决企业和环境之间的关系问题。

2. 成长是企业的天性

考虑商业模式是什么或者给商业模式定性的时候,要先做一个最基本的表达:“商业模式是关于企业成长的艺术。”成长是企业的天性,没有企业不追求成长。

在理解任何一个理论、方法或者模式的时候,有很多基本的设定前提。比如假设企业都不要成长,都往缩小的方向而去,那就换个方法讨论企业怎么变小。但这里我们要考虑一般意义上的企业,当然肯定有另类的企业,它要控制成长规模。例如,重庆曾经评出了 50 个顶级的重庆小面馆,其中有一家是夫妻店,尽管生意火爆却不打算开设分店,因为担心无法保持质量和声誉。在企业成长的过程中,并不是开的分店越多越好、越快越好。企业开设分公司也不是马上就能成功的,还需要策略或者资源的支持。

3. 成长依赖外部资源

企业成长需要依赖外部资源。企业需要吸引外部客户,吸收外部资金,需要政策、资源、技术、员工,任何企业都无法做到自给自足。当企业在需要依靠外部资源的时候会面临很多问题:哪些外部资源是企业可以控制的? 哪些是不能控制的? 哪些是可以利用的? 哪些是利用不了的? 这里面就有相应的策略。大型企业能够参与行业标准的制定,比如交通标准、建筑标准、施工标准、软件标准、食品检测标准。这些标准都体现了企业的水平或者能力对环境的影响。

外部资源包括制度资源、客户资源(认知资源)和人力资本等。

(1)制度资源

制度在于提供规则让企业遵循或者因违背规则而受到惩罚,因此制度也是企业的环境约束之一。

(2)客户资源(认知资源)

客户也是组织的贡献者,客户的良好意愿是企业的一种可出售资产,但是客户受激励(价值、价格)、对待方式、与之联系的销售员等因素的影响,因此客户资源不是轻易可以被企业获得的。

(3)人力资本

除了制度、客户资源外,还需要考虑其他的社会资源(主要是社会人力资源)和技术。社会中的技术和知识,一部分包含在人力资本之中,一部分可以独立出来,在此不作为核心来分析,而是认为购买/研发技术和招聘保留合格的人力资源是企业的组织能力,也是有效商业模式设计的保障条件。

在企业的环境之中,社会资源的一个关键构成是人力资本。当企业提供产品(和服务)时,无论企业的这些产品是来自代理别人的,通过购买他人的技术再进行研发生产的,还是自己进行新技术创新和新产品研发而生产的,这些工作的完成都需要具有符合产品技术技能要求的人力资源的支持。这些人力资源一方面来源于企业自身的培养,另一方面来源于社会中存在的人力资本池。无论企业培养的力度和强度有多大,社会中的人力资本池所能够提供的人力资源都对企业的成长和发展具有直接的影响。

人力资本可以作为一个基本的前提条件,即人力资本的获得对于企业不是制约。同时,人力资本的基础能力决定了技术的吸收和创新,以及对于客户的服务质量和沟通效果,这也是下文分析价值实现频谱构建策略的基础,所以人力资源是企业社会资源的基本构成之一。

4. 成长依赖组织能力

企业成长需要依赖诸多资源,是否把这些资源吸纳了就能认为企业取得了成功? 答案是否定的。企业还需要最基本的组织能力:一个是技能(skills),代表经验、政策制定、管理、沟通协调、协同等;另一个是设施(facilities),即基础设施,比如场地、设备、工具、电力等。

企业需要这种组织能力,那它应该纳入商业模式的考虑范围吗? 还是作为一种必要的支撑条件? 组织能力不只是商业模式独享的,战略、运营、财务也都需要组织能力。企业组织里硬性的或者软性的条件是企业运作的基本保障,商业模式都应该加以考虑。

当把企业作为一个整体来分析时,组织能力在于完成企业内部的执行和协调工作,这些工作不仅涉及人员本身的行为,而且需要设施和设备提供物理条件,所以组织能力在内涵上更加倾向于钱德勒[9]所定义的"技能与设施"及其协同的过程。与此同时,组织能力的建立和形成是一个过程,组织能力的建立、发展和保持主要依靠组织学习的方式。

2.2.3　商业模式是企业全局的基础决定

商业模式是企业全局或者业务全局的基础决定。这意味商业模式会考虑到全局,商业模式上的设计会影响到局势或者格局的改变,是业务本身和业务所带来的连锁反应。假如一家企业的地区代理商出现更替或流失,一般不会影响全局。但如果是对商业模式的设计出现误判,那么整个企业的资源调配、组织决策都可能会出现问题。

1. 看不见的手

亚当·斯密[22]认为市场是"看不见的手",这一命题的含义是社会中的每一个决策个体都在力图追求个人利益的最大化,在这样做时,有一只看不见的手引导他去促进社会公共利益,这只看不见的手就是人们自觉地按照市场机制的作用自发调节着自身行为,并实现消费效用最大化和利润最大化。

2. 看得见的手

钱德勒[9]认为企业管理是"看得见的手",也就是现代工商企业在协调经济活动和分配资源方面已取代了亚当·斯密的所谓市场力量的看不见的手。虽然市场依旧是商品和服务需求的创造者,但是现代工商企业已履行了协调和分配资源的功能,包括生产和分销过程中的通过量调节,以及面向企业成长的资源分配等。

在组织内部设立合适的组织结构、企业管理权和控制权的分离、职业经理人的出现等,都是管理革命的重要表现。同时,根据交易成本经济学的观点,企业边界由交易成本决定,企业和市场不是两种完全不一样的存在,它们实现了不同的功能,而且市场不可能解决所有的问题,所以就需要管理来行使和市场相似的功能,进行企业内部的协调。

3. 拉得上的手

观察现实中体验到的商业实例,比如,京东商城现在的业务和起步阶段相比是否有本质的差别?我们可以从自身体验来观察,京东刚起步的时候,大家很可能只有在购买电子产品的时候才会考虑在京东商城下单。如今我们在京东商城上都会买些什么商品呢?可能会是一本书、一件衣服,甚至一件大额电器。这其中,消费者自由地决定要买什么,代表着市场一方。以电子通信产品业务起家的京东商城,经过多轮业务扩张和管理变革,如今在电子、百货、服装、母婴、生鲜、健康等市场都出现了令人惊讶的成长。京东之所以能够成功,最基本的一个原因就是能把内部的管理和外部的市场连接起来。

同样地,消费者去饭馆吃饭,每个饭馆也有自身的一套运营管理体系,如果没有顾客进行交易,那么饭店的商业模式就是无效的。上文所述的伊顿纪德的案例也是这种情形。简言之,把企业的内部管理和外部市场连接起来,是商业模式的根本任务和存在价值。

因此,实际上商业模式要解决的最基本问题是把看不见的手和看得见的手结合起来。

2.3　商业模式的形态

Zott 等[23]清晰地梳理了商业模式的概念发展（和情境），从其发表的文章来看，目前是处于商业模式的"丛林"状态。进一步地，通过商业模式创新的文献综述[24][25]，我们发现其实商业模式并没有形成相对稳固的基础概念体系。也就是，关于商业模式的基本构成是不明确的，也缺乏相对统一的认识。

从目前商业模式的文献来看，商业模式可以被划分为两个阵营：一个是元素形态（elements-oriented）的商业模式（代表文献如[26]），此处的商业模式由系列元素组成，如价值主张、市场细分、价值链、成本结构、利润潜力、价值网络、竞争优势等，但是这些元素之间的作用关系不是很明确；另一个是结构形态（structure-oriented）的商业模式（代表文献如[2]），这里的商业模式是由一个结构来表达的[27]。

从结构的视角来看，已有的商业模式文献，除 Amit 和 Zott[2]对于商业模式的结构给出较明确的界定外，其他的文献几乎没有关于商业模式的结构的论点和分析。Amit 和 Zott[2]以价值创造的多个来源为出发点，基于虚拟市场理论、资源观理论、熊彼特创新理论、交易成本理论、战略网络理论等提出把商业模式作为一个统一的分析单位，所得到的基本结论是，对于电子商务企业其商业模式的价值创造来源于效率、互补、锁定和创新，并且商业模式的构念是基于战略和企业家理论而得到的。虽然 Amit & Zott[2]基于上面提及的多个理论来分析价值的创造，但是在给出商业模式的定义时仍然把交易作为商业模式定义的基本依赖，定义商业模式为"描述了所设计交易的内容、结构和治理，以此可以利用商业机会来创造价值"，并且"把商业模式作为战略网络的延伸"。由此使得商业模式从属于战略，但没有论述如何才能获取客户而产生收入。也就是，客户是如何"进入"企业组织的并不是一件简单的事情。进一步，Zott & Amit[28]认为，"商业模式解释了企业组织是如何与外部利益相关者连接的，以及如何促使这些利益相关者进行经济交换而为彼此创造价值"。钱德勒[13]认为，应该把企业及其物理和人力资源而不是交易作为分析单位，这更能够突出企业的组织能力，特别是用组织的学习能力来解释产业的持续发展和新建。因此，把商业模式作为一个企业级的概念能够更好地体现其对于企业的发展和成长的价值,也就是以企业为其基本的存在情境,以交易为其基本的行为/活动。当把商业模式定义为企业与其环境界面上的调谐时,就是以企业全局为分析对象,把企业这个整体看作商业模式的服务对象,从而组织能力和规模(与范围)经济分别是商业模式设计的基本条件和评价标准,即企业整体的经营绩效是由商业模式决定的。

Amit & Zott[2]同时也认为商业模式作为一个统一的分析单位可以很好地解释虚拟市场独特的价值创造现象。由此,可以认为商业模式与战略是有区别的。但是 Chesbrough & Rosenbloom[26]则认为很多现在所提出的商业模式概念(例如文献[29])其实就是商业战略的变种,也就是商业模式和战略是很容易被混淆的。在某种意义上说,Afuah & Tucci[29]提出的商业模式更像是 Amit & Zott[2]所定义的收入模型。如果我们参考钱德勒[18]提出的"为企业建立一个长期的目标"是战略的重要内涵构成,那么成长就是企业的长期目标之一,也是企业高级管理层的目标,因此在长期发展这一基本方向上,战略和商业模式是一致的。对比 Amit 与 Zott[2]与 Chesbrough & Rosenbloom[26]关于商业模式的分析和表达,可以发现前者对商业模式的结构和系统界定得更加明确,而后者采取元素罗列则容易误解成商业模式的覆盖范围存在无限扩展的可能,以至于失去对商业模式的掌控。因此,从理论的分析和预测功能来看,结构化的表达更胜一筹。进一步地,Chesbrough & Rosenbloom[26]强调商业模式是为了捕捉价值,这不同于 Amit & Zott[2]所认为的商业模式的目的是价值创造。Chesbrough & Rosenbloom[26]是以技术创新为起点,而 Amit & Zott[2]是以经营需求为起点,显然二者之间不存在直达的路径,也就是创新和经营之间有鸿沟!虽然二者提及了产品,但是都没有把产品作为商业模式的分析要素之一。同时,科斯[5]和威廉姆森[6]从法律的视角对交易做了界定和认识,认为交易是对所有权和财产权的转移,而不是物品的转移。由于被转移产品的特性会影响价值实现的绩效,即所有权的转移与价值实现不是同步的,因此价值实现与产品特性决定了交易的实际绩效。而且有的所有权很难界定和事先完全界定清楚(比如软件需求、咨询需求、管理需求等依靠描述为主要表示方法,而缺乏唯一判断标准的业务),所以产品的特性——产品与服务的关系影响了交易的绩效。由于产品(和服务)是企业和客户之间进行价值交换的唯一载体,因此在商业模式的设计中,产品是必须要考虑的一个方面[30]。

2.4　商业模式设计的基础架构

企业面对相同的环境,成长的结果却各不相同,那么应如何从商业模式设计的视角解决此问题?我们可以从商业模式设计过程中需要思考的四个关键问题[31]出发。

1. 如何让客户达成购买决策

企业组织是开放系统,从外部获取客户资源,即能够拥有足够多的客户来购买企业的产品是企业生存与发展的根本,因此企业让客户达成购买决策是企业生存与成长必须要考虑的基本前提。

2. 如何处理客户的需求

在客户达成购买决策后,企业需要处理和满足客户的需求,处理客户需求的能力形成了对企业组织能力的严峻考验,也提出了企业以何种方式组织和构建需求处理能力的问题。纵使企业面对相同的环境,企业在如何形成自己的需求处理能力上也是千差万别的,因此,客户需求处理能力是组织能力的核心部分。

3. 企业管道中的产品形式

如何满足客户的需求?一方面从客户的角度考虑,企业需要通过组织能力的发展建立起需求处理能力的组织基础,从而更好地服务客户;另一方面也需要从企业(提供商)的角度考虑,即企业该为客户提供何种形态的产品,才能既满足客户的需求,又保证企业的经营利润和经济性,最终为持续地满足客户需求创造经济条件。毕竟,产品是企业价值的载体,是满足客户需求的根本。由此,产品的表现形态是企业商业模式设计中不可或缺的内容。

4. 企业成长的衡量

企业的成长过程是整合了多种资源和对环境判断分析基础之上的综合决策与行动的反映。在企业从小企业成长为大企业的过程中,需要有效衡量组织的整体运作结果,才能够保障企业沿着正确的路线前进。这一方面可以有助于设定企业运作的参考标准,另一方面可以作为分析企业经营效果的诊断方法。因此,面向企业成长为大企业的过程分析标准是有效衡量企业运作的正确导向,也是选择和判断企业有效经营和成长的基本参考。从企业成长的方向来看,如何衡量等价于为企业的成长设定了路标和校准线。

根据前文对商业模式概念内涵的基本阐释,本书以"拉得上的手"为思想基础,给出了商业模式设计的概念框架及其素描[32],如图 2-1 所示。

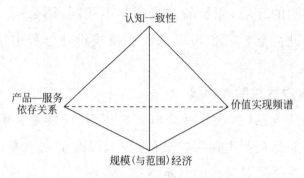

图 2-1　商业模式设计的基础架构(改编自文献[32])

首先,把企业的成长作为基本目标,用规模(与范围)经济来衡量商业模式的绩效。商业模式作为企业与其环境界面上的调谐机制,对于企业经营具有全局性的决定作用,因此商业模式设计的基本评价是以企业成长为大型企业为基本导向,把规模(与范围)经济作为商业模式绩效的评价标准。从而把商业模式置于企业大环境之中,作为统领企业业务经营的战略决定和方向决定。

同时,把利润和市场份额作为商业模式评价的必要指标,是因为企业如果没有市场份额就没有市场地位,而没有利润就缺乏自我发展的再生能力。

其次,在企业与客户之间实现交换,需要依靠媒介,定义为价值实现频谱(the spectrum of value realization)。价值实现频谱不仅包括了渠道,还包括营销,以及对于企业外围社会资源的判断和利用。因此,从形式上看,价值实现频谱是提供商与客户(和用户)之间实现价值传递的媒介[下文使用符号 V代表提供商,符号 U 代表客户(和用户)]。这个媒介可能是一般意义上的市场,或者企业的分销渠道,甚至是与企业相关的营销活动。从本质上看,价值实现频谱是 V-U 之间的信息交流。双方在频谱中"接触",频谱为促成和完成交换提供了基本的场所。价值实现频谱的构建和发展,需要极大地依赖外部资源;能否充分利用外部资源决定了频谱的专家型、专业型和社会型的形态。

再次,产品(和服务)是企业价值创造的基本载体,企业经营目标的实现需要以产品(和服务)的形式让客户接收到企业所提供的客户价值和客户满足,产品—服务之间的关系决定了企业将会以何种形式来满足客户的需要:是否需要为客户提供更多的与产品配套的服务,以及产品—服务之间的决定关系是否会影响企业市场提供的策略。产品是企业的基础提供,服务是附加提供。产品和服务共同为客户提供了效用,它们之间的依存关系可以分为三种:共栖、共存、寄生。

最后,商业交换的实现需要在提供商和客户之间达成购买决策,认知一致性是反映客户与提供商之间达成购买决策的分析和判断标准,反映对于认知资源的发掘和利用能力。最终购买决策的达成,是一个构建性的信息处理过程,这个过程以未来为导向,并且基于决策主体(V-U 双方)的经验和现状分析,通过 V-U 间的互惠匹配实现对于认知资源的利用。

规模(与范围)经济、价值实现频谱、产品—服务依存关系、认知一致性共同构建了 TCH 商业模式设计的结构,此结构是以规模(与范围)经济为基本的治理机制。

2.5 本 章 小 结

1. 本章主要内容

(1) 商业模式是企业与其环境间的调谐机制。

(2) 商业模式是关于企业成长的艺术,成长是商业模式的目的。

(3) 商业模式是企业全局的基础决定。

(4) 商业模式作为看得见的手(管理)和看不见的手(市场)之间的连接,称为拉得上的手。

(5) 商业模式的基本分析框架包括:认知一致性、价值实现频谱、产品—服务依存关系、规模(与范围)经济四个基本维度。其中组织能力和外部资源依赖是作为商业模式设计的基本条件,规模(与范围)经济是基本的治理机制。

本章内容结构,如图 2-2 所示。

2. 启发思考题

(1) 如何理解"商业模式是企业与其环境间的调谐机制"?

(2) 如何理解"商业模式是拉得上的手"?

(3) 商业模式的形态是什么样的?

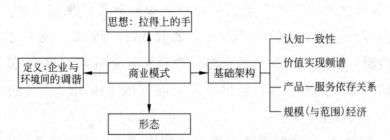

图 2-2　"商业模式的概念和基础架构"的内容结构

（4）商业模式等同于战略吗？二者有什么区别？

（5）商业模式和企业（组织）的关系是怎样的？

2.6　参考文献与注释

［1］　顾元勋 著(2014).拉得上的手：商业模式设计的逻辑.北京：清华大学出版社.P.6.

［2］　Amit，R. & Zott，C.（2001）. Value Creation in E-business. Strategic Management Journal，22（Special Issue），493-520.另外，魏炜等(2012)也是从交易的视角出发来定义商业模式，认为商业模式是利益相关者的交易结构，详见：魏炜，朱武祥，& 林桂平.(2012).基于利益相关者交易结构的商业模式理论.管理世界，(12)，125-131。

［3］　Teece，D. J.（2010）. Business Models，Business Strategy and Innovation. Long Range Planning，43（2），172-194.

［4］　顾元勋 著(2014).P.7.

［5］　Coase，R. H.（1937）. The Nature of the Firm. Economica，4(16)，386-405.

［6］　Williamson，O. E.（1975）. Markets and Hierarchies. New York，NY：The Free Press.

［7］　Williamson，O. E.（1985）. The Economic Institutions of Capitalism. New York，NY：The Free Press.

［8］　Richardson，G. B.（1972）. The Organisation of Industry. The Economic Journal，82(327)，883-896.

［9］　Chandler，A. D.，Jr.（1977）. The Visible Hand：The Managerial Revolution in American Business. Cambridge，MA：The Belknap Press of Harvard University Press.

［10］　Barnard，C. I.（1938）. The Functions of the Executive. Cambridge，MA：Harvard University Press.

［11］　Chandler，A. D.，Jr.（1990）. Scale and Scope：The Dynamics of Industrial Capitalism. Cambridge，MA：The Belknap Press of Harvard University Press.

［12］　Penrose，E. T.（1959）. The Theory of the Growth of the Firm. New York，NY：John Wiley & Sons.

［13］　Chandler，A. D.，Jr.（1992）. What Is a Firm：A Historical Perspective. European Economic Review，36(2)，483-492.

［14］　顾元勋 著(2014).P.9.

［15］　Katz，D.，& Kahn，R. L.（1966）. The Social Psychology of Organizations. New York，NY：John Wiley & Sons.

［16］　Scott，W. R.（2003）. Organizations：Rational，Natural，and Open Systems（Fifth Edition）. Upper

Saddle River，NJ：Pearson Education. P. 89-91.

[17]　Pfeffer，J. ，& Salancik，G. R.（2003）. The External Control of Organizations：A Resource Dependence Perspective. Stanford，CA：Stanford University Press.（Original work published 1978）

[18]　Chandler，A. D. ，Jr.（1962）. Strategy and Structure：Chapters in the History of the Industrial Enterprise. Cambridge，MA：The MIT Press.

[19]　Dearborn，D. C. & Simon，H. A.（1958）. Selective Perception：A Note on the Departmental Identifications of Executives. Sociometry，21(2)，140-144.

[20]　Simon，H. A.（1947）. Administrative Behavior：A Study of Decision-making Processes in Administrative Organization. New York，NY：Macmillan.

[21]　顾元勋(2014). P. 13-14.

[22]　Smith，A.（1776/1976）. An Inquiry into the Nature and Causes of the Wealth of Nations. Chicago，IL：The University of Chicago Press.

[23]　Zott，C. ，Amit，R. ，Massa，L.（2011）. The Business Model：Recent Developments and Future Research，Journal of Management，37(4)，1019-1042.

[24]　Foss，N. J. ，& Saebi，T.（2017）. Fifteen Years of Research on Business Model Innovation：How Far Have We Come，and Where Should We Go. Journal of Management，43(1)，200-227.

[25]　Andreini，D. ，Bettinelli，C. ，Foss，N. J. & Mismetti，M.（2022）. Business Model Innovation：A Review of the Process-based Literature. Journal of Management and Governance，26(4)，1089-1121. Andrews，K. R.（1971）. The Concept of Corporate Strategy. Homewood，IL：Dow Jones-Irwin.

[26]　Chesbrough，H. & Rosenbloom，R. S.（2002）. The Role of the Business Model in Capturing Value from Innovation：Evidence from Xerox Corporation's Technology Spin-off Companies. Industrial and Corporate Change，11(3)，529-555. 同时，其他文献也有关于商业模式元素的表达，如：Afuah 和 Tucci 认为商业模式包括利润位置、客户价值、范围、价格、收入来源、连接的活动、实施、能力、可持续性、成本结构等 10 个元素，详见，Afuah，A. & Tucci，C. L.（2003）. Internet business models and strategies：Text and cases(Second edition). New York，NY：McGraw-Hill，P. 51-73. Johnson 等(2008)认为商业模式包括客户价值主张、关键资源、关键流程和利润公式四个元素，详见 Johnson，M. W. ，Christensen，C. M. & Kagermann，H.（2008）. Reinventing your business model. Harvard Business Review，86(12)，50-59. 或者给出了商业模式的描述性概念，如 Magretta，J.（2002）. Why Business Models Matter. Harvard Business Review，80(5)，86-92。还有，商业模式画布的作者 Osterwalder(2004)把商业模式看作由公司战略翻译（translation）所得到的蓝图，其逻辑是赚钱，详见：Osterwalder，A.（2004）. The business model ontology：A proposition in a design science approach. Switzerland：University of Lausanne，Doctoral dissertation。这意味着在 Osterwalder 看来，商业模式就是战略的同义词。同时，在商业模式画布中包括了 9 个元素，分别是：客户细分、价值主张、渠道、客户关系、收入流、关键资源、关键活动、关键伙伴关系和成本结构（Osterwalder & Pigneur，2010），详见：Osterwalder，A. ，& Pigneur，Y.（2010）. Business model Generation：A Handbook for Visionaries，Game Changers，and Challengers. Hoboken，NJ：John Wiley & Sons。

[27]　顾元勋(2014). P. 18.

[28]　Zott，C. & Amit，R.（2007）. Business Model Design and the Performance of Entrepreneurial Firms. Organization Science，18(2)，181-199.

[29]　Afuah，A. & Tucci，C. L.（2003）. Internet Business Models and Strategies：Text and Cases (Second edition). New York，NY：McGraw-Hill.

［30］ 顾元勋 著(2014).P.21.

［31］ 顾元勋 著(2014).P.42-44.

［32］ 顾元勋 著(2014).P.49-51.另外,关于区分架构与系统、结构,架构是功能导向的,而系统和结构是形态导向的(Rechtin,1991),详见:Rechtin,E.(1991).Systems Architecting:Creating and Building Complex Systems.Englewood Cliffs,New Jersey:Prentice Hall.P.12。

［33］ 案例来源:史有春.《中国校服第一品牌——伊顿纪德的成功之路和困惑》.中国管理案例共享中心.2014-09-01.

第 3 章

商业模式的使命和渊源

本章介绍了商业模式的使命和渊源,即为什么会有商业模式的存在以及商业模式从哪里来,所需考虑的因素有哪些,以及商业模式是如何构建的。

3.1　商业模式为何而生

3.1.1　商业模式的全局性——商业模式是全局决策

企业做决策时,首先需要有一个目标,即做事前需要有导向,但对目标进行具体分解的时候,不同公司会有不同的分解方法。在目标落地实施的过程中需要考虑的主要因素包括三个方面:第一是资源,包括内部资源和外部资源;第二是能力,如判断能力、行业经验;第三是客户,因为一般情况下客户是企业产生收入的唯一来源。

3.1.2　案例分析:阿里"中供系"的前世今生

案例:阿里"中供系"前世今生,马云麾下最神秘的子弟兵

中国供应商业务(简称"中供系")算是阿里系统中的一个子系,曾隶属于阿里 B2B 公司。用阿里创始人马云的话来说,没有 B2B 就不会有阿里巴巴(集团)。在中国,中供系员工曾属于没多少退路的那一阶层。他们多出生在农村,家境不好,学业也不甚如意。2000 年起,阿里从中筛选出了对既定的人生轨迹不甘心的人,让他们奔走于东部沿海城市的写字楼和工业区。在中国加入 WTO、企业进出口经营资格由审批制改为登记与核准制等背景下,这批销售员努力向渴望自主掌控外贸渠道的中小企业推销价格为数万元的阿里巴巴会员。

中供系是从"信息"和"中小企业"这两点延伸而来的阿里巴巴英文站

(alibaba.com)的会员产品。考虑到商人对信息精准度的渴求,马云在1999年构想阿里巴巴网站时就坚持对商户发布的买卖信息进行初步核实和分类。若是用户注册为会员,阿里巴巴还允许其免费查看网站上的买卖信息,并展示自己的商品。此举使得阿里巴巴英文站发布没多久,会员数便开始上升。而中供系与免费会员的主要区别是:中供会员在产品类目下的排名更靠前,其产品可以得到更好的展示,比如拥有动态和静态页面。买中供系将使自己凸现在海外买家眼前,这对企业无疑有着切实的吸引力。

　　阿里早期广纳人才,成立了一支销售人才队伍,他们每天都骑着自行车满大街跑客户,推销中供系。早期销售员们都摸不着头脑,没人知道该怎么卖中供。那个年代,人们普遍认为互联网是个概念先行的虚头巴脑之物,靠谱的新经济应该是IT和软件才对。而中供系是一个没有实体的互联网预付费产品。当客户付出1.8万元后,获得的不过是一个互联网公司的账号,然后便要等待从未谋面的海外买家来询价。不少中小企业主连电脑都没有,遑论上网了。简言之,卖中供系业务对销售员的要求很高,而懂中供系业务的阿里巴巴英文站老会员们并未转化为规模级的种子付费用户。最初销售员们两个半月才做成一单中供系业务。从伟业公司来的一批销售员选择采取陌拜式销售方法,把陌生拜访和打电话相结合的话效率最高,日后该方法被中供人总结为"以点带面":一个销售员出门前先约好客户,以他们为中心采取"陌生拜访""打扫商业楼""打扫工业区"等方式。如此一来,预约可以保证成交率,陌生拜访则把时间的投入产出比最大化。"当一个产品的售价超过1.5万元时,靠电话已经无法与客户建立起信任关系,打电话被拒绝的概率非常高。原因是我没跟你见过面,我和你之间没有感情。但是我通过陌生拜访跟你见了面,下次我再来拜访的时候成功概率要高很多。这就是人性。"

　　……

　　当时,一线销售团队人数不过二三十,业务范围却是全中国。这样一来,他们选择客户时理所当然地带有偶然性,并且浅尝辄止。雷雁群的遭遇堪称典型。因为雷曾在金华市代管的县级市永康市开发过一个客户,于是他跟同伴决定跑去那里碰碰运气——那地方不错,出口企业比较多。一周后,他俩回来告诉俞朝翎:老大,永康的企业我们已经全部扫光,没有企业可以跑了。俞对《重读》记者回忆道,自己觉得那就算了,另选一地。但李琪否决了他们仁的想法。李琪相信,照这个逻辑,一年之内他俩就可以跑遍全国。于是雷雁群等人跑去永康待了一个月。签下几个中供后,他俩又跑回杭州说:"老大,真没了,我们已经坐着拖拉机去过农村,没企业了。"李琪劈头盖脸地骂道:"2000 年家家户户都有电视机了,那些电视机厂是不是应该全倒闭? 但长虹每个月还产那么多电视机,想想看你们有啥问题。"雷雁群跑回永康又待了一个月后,又向俞朝翎诉苦:"真没客户了。"终于,李琪认为再听到俩人类似言语就应当开除他们。大概从 2001 年中起,雷雁群等人只好扎根永康,向驻守金华的区域经理俞朝翎汇报。在 2004 年之前,他们都被叫作伟业团队。一般而言,在确定单个销售员的效率、产能、作业模式前就向其他区域扩张,除了陡增乱象之外毫无意义。李旭晖便将全国划分成深圳、金华、杭州等销售区域,不允许销售员随意乱跑。陆兆禧即为深圳区域的销售经理。

但要这批菜鸟扎下去,也不容易。客户对于阿里巴巴、中供和互联网的理解仍然颇为初级。不光是销售技巧,阿里的销售员对外贸和客户所属行业的精深程度也远逊于环球资源公司。由于前者任务是覆盖区域内的所有企业,而后者是按行业给该城市的销售员分口,这使得二者的差距还可能加大。如果专业度的满分为 10 分的话,一位阿里巴巴的早期销售员认为环球资源销售员的专业度可打 8 分,而他们只有 2 分:"我们都是一帮不懂的人在做销售。环球资源的人又会销售又懂专业。他们对买家的行为分析真的是厉害。"

李旭晖有对应之策。他尽力给销售员传授销售话术,比如:"环球资源就像老城区,是很热闹,但地段很贵,进驻也很困难。阿里巴巴就好像一个新城区,将来的机会不可限量,地价还便宜。(在阿里巴巴)先占一席之地,未来的升值空间就大了……何不两个都试着?"另外,他鼓励销售将遇到的问题带回公司,大家群策群力解决内心的困惑,每次开会不用设置很多话题,一天解决一个问题足矣,并且李旭晖坚持已解决的问题要录入题库。李将这种群体讨论视作一次培训,一旦有人签单,李旭晖便要群发"×××今天签了一家中国供应商……过程是……×××你太棒了"之类的战报短信和邮件,并且发动身边的人跟帖。与战报文化类似的标语、口号、队呼也被李旭晖一并引入。

在阿里巴巴只有数十个销售员时,李琪、李旭晖、孙彤宇等人便决定建立CRM(客户关系管理系统),以储存客户数据,系统化地解决销售员之间最常见的抢客户等行为。他们期冀的结果是,阿里巴巴销售员拜访客户前先查阅一下客户冲突与否。如果不冲突，那谁先把客户输入 CRM，这个客户就归谁。这是判断客户归属的至高标准。阿里也不允许占坑行为，规定 45 天内未联系或者一年内未开单的客户将进入公共池。这让销售员相互陪访、帮忙谈客户有了制度上的可能。

一般而言，销售员的提成点数取决于销售金额。如此一来就容易出现压单的情况——销售员将业绩集中于一个月释放以获得高提成。作为一家相信自己注定会上市的公司，忽高忽低的销售额显然不适合阿里。李琪想出了金银铜考核制度。该制度的核心要义是销售员当月的业绩决定其下个月的提成。提成比例分三档，月销售额 10 万元以上为金牌，金牌的提成是 15％；月销售额 6 万元到 10 万元为银牌，银牌的提成是 12％；月销售额 6 万元以下为铜牌，铜牌的提成是 9％。如果一个销售员本月的业绩达到了金牌水准，那么是下月而非本月获得 15％的提成资格。一旦他有所松懈导致下个月的销售额下降，下下个月的提成点数偏低且不说，本月的金牌资格也被浪费了。反过来讲，如果销售员养成良好的开发、维护客户的习惯，不懈怠、不松气，他在阿里巴巴的提成收入将高得惊人。

2001 年秋，阿里巴巴办起了销售培训班。公司出钱，邀请销售员以五六十人为一个批次，到杭州接受一个月的脱产培训。其间照发 800 元的工资，包吃包住。当然，三个月内不出单则无法转正。授课老师以阿里高管为主。比如李旭晖讲销售技巧，他的顾问式销售课程让俞朝翎进一步明确了伟业派和干嘉伟、卢洋等人的区别，"像我们那种都是单方面的灌输。老板我们这个好，一二三四五举例，老板买了吧。像阿干他们是顾问式销售，就是要挖需求，无限制地挖下去。这两种方式都有利有弊，如何把这两种有机结合在一起才是真牛。"

案例来源：《阿里"中供系"前世今生，马云麾下最神秘的子弟兵》《重读》2017-04-20

案例中，阿里中供系的案例中关于雷雁群的遭遇，源于一开始他们错误判断了金华市场。销售员跑去永康一周后回来说永康的企业已经全部扫光，没有企业可以跑了；后来待了一个月，签下几个中供后又跑回杭州说没有市场了，又待了一个月回来诉苦说真没有客户了……实际上，案例中雷雁群等人当时分析的方式不尽合理。现有客户与潜在客户只是一种思考方式，还应该换一种方式去考虑客户的需求、喜好等。2001 年秋，阿里巴巴办起了销售培训班,向销售员传授顾问式销售课程。在中供,以干嘉伟为代表的顾问式销售,就是挖客户需求,无限制挖下去,这与单方面向客户灌输,一二三四五举例中供哪里好的销售方式形成了明显的区别。这意味着企业应该面向未来思考决策,不断做预判。

能否面向未来做正确的预判,对于企业来说是个很大的挑战。接下来,我们再来看一个案例——纳爱斯。纳爱斯的前身是浙江丽水五七化工厂,当时五七化工厂只是一家地方国营小厂,在全国 118 家肥皂定点生产企业中排名倒数第二,而如今纳爱斯在世界日用洗化产品行业中排名第五。工厂生产香皂的时候,市面上已经有很多香皂,然而它们不做重复建设,定位质量高且功能好,从瑞士引进先进技术,开发出第一款自有品牌——纳爱斯香皂。产品送检后,被国际商业组织鉴定为“世界一流精品”。1992 年纳爱斯公司成立后,将目光投向了洗衣皂。长期以来中国老百姓一直使用黄肥皂洗衣服,这种肥皂外观粗糙、质地干硬、味道难闻,纳爱斯抓住这一痛点,开发出一种全新的肥皂——雕牌超能皂。不仅质地柔软、去污能力强,还套着一个塑料薄膜袋,外包装上用一只大雕来意喻去污迅速,创意新颖。新产品上市初期没有市场,于是纳爱斯拿出 100 万元搞赠送促销活动。在《浙江日报》上刊登广告,读者只要剪下报上的广告券,就能免费领到一块超能皂。这种今天看来司空见惯的做法,在当时却石破天惊。一家利润不到 100 万元的企业,竟要白白送给别人 100 万元,一时间内外争议不断。结果是很多以前不了解超能皂的消费者,在试用后都对其赞不绝口,成为雕牌的忠实粉丝。到 1994 年,纳爱斯已跃居国内肥皂行业第一,此后再没有让旁人染指过这一位置。纳爱斯在当时能很好地做出判断,生产出与市面上类型不同的香皂和洗衣皂,这就是关键所在。

总结上面的两个案例可以看出,企业需要寻找客户常采用两种方法:一种方法是盯着客户;另一种方法是盯着趋势,即以客户的判断为基础,面向未来做预判。

再来看一个案例——韩都衣舍。韩都衣舍是在互联网上兴起的服装公司,如果诞生在今天,它不一定会成功。是当时的时代背景——韩潮、韩剧、韩国代购在国内流行,国内服装市场和韩国服装市场差距较大,才造就了韩都衣舍的成功。因此,企业需要考虑的不仅仅是客户需求,对时代格局、市场发展局势的探讨也很重要。如何看准局势并把握局势、顺势而为,这对企业来说,是非常重要的挑战和需要构建的能力。

另外,目标实施是一件具有挑战性的事情,不仅需要资源、客户,还有一个很重要但不是显而易见的因素:行业经验。每个行当都有专业的技巧,需要经验累积。正如上海的出租车司机臧勤开出租车到第十年的时候才有"感觉",他说前十年都是在积累和学习。

3.1.3　商业模式的独特性

商业模式与战略、组织、创新、营销、渠道是拧扭在一起的(twisted together),甚至很难区分清楚商业模式自己的位置,正如 Zott et al.(2011,p.1038)所认为的,需要从概念上区分清楚,把商业模式与"新组织形式、生态系统、活动系统、价值链或者价值网络"等区分开来[1]。

商业模式的独特性体现在领域定位。和战略、营销对比,它们思考和解决问题的方法不一样。

1. 与战略对比

一些文献认为商业模式是由战略派生出来,即首先得有战略,商业模式是对它们的补充。比如,Zott & Amit[2][3]把商业模式置于战略之下,认为商业模式是战略与战术之间的过渡。然而,一个路边卖烤地瓜的小摊,谈不上所谓的发展战略,但一定会存在其独特的商业模式。战略和商业模式之间,不存在决定性的次序。战略可能引导商业模式,商业模式也可能促进新战略的形成。也就是战略和商业模式不是从属关系[4],而很可能是相互生成的关系。

不同领域解决的问题不一样,战略解决的是企业发展方向的问题,战略不是公司成立第一天就有了。正如华为成立伊始的业务是卖电风扇,后来才做用户交换机。实际上很多企业做到相当大的程度时,它们也不知道下一步应该做什么。这个不是商业模式能解决的,也不是战略能解决的,依靠的是领导者的判断能力和前瞻能力。

2. 与营销对比

营销指企业发现或发掘准消费者需求,让消费者了解该产品的过程,广义而言也可以包括销售功能。营销研究的是客户价值交付的过程。营销的前提是交付给客户的商品是有价值的,而这个前提对很多企业存在挑战性。

Chesbrough & Rosenbloom[5]、Chesbrough[6]强调了商业模式的价值创造功能,并且认为战略更加强调价值捕捉的组织(organizing),然而并没有回答价值是如何被捕捉到的,即价值实现的问题。试想,如果按照 Chesbrough & Rosenbloom[5]所提出的商业模式的属性和 Zott & Amit[2]提出的创新和效率的基本原理来进行商业模式的分析和设计,其价值实现的结果并不会自动产生,这意味着从价值创造到价值实现尚有一段距离,价值实现的根本在于客户做出了购买决策。从厂商提供产品到客户购买决策的达成过程,不是一帆风顺的,也不是自动实现的,这正如钱德勒[7][8]所不断地分析认为的,大型企业的成长和扩张需要依赖分销策略的改变,其所研究的案例企业采用的基本分销策略或者是建立独立的销售和营销组织,或者是整合销售和分销组织,并不断地在新市场建立分销组织。因此,商业模式中的价值创造是一个对于结果的期望,而价值实现(只有价值实现才能支撑企业的成长和发展)是一个过程和对于结果的衡量,这不是可以轻易实现的,需要依赖企业的营销和渠道能力,因此在商业模式的设计中,如何构建利用营销和发展渠道是一个必然要涉及的问题[9]。

当然,我们还可以与价值链、生态系统等对比。但是由于这些功能领域的定位差异,导致商业模式与它们之间会有交叉而不是严格的区隔。同时,由于各自的定位不同,而又使得商业模式获得了生存的空间。

3.2　商业模式从何而来

3.2.1　元素先行还是架构先行

商业模式是从哪里来的？是从一个元素(或模块)开始,还是从一个架构开始？上一节提到商业模式有独特性,不同于战略、营销等,它提供了一个新的思考和解决问题的方向与思路。

通过分析商业模式的文献脉络,发现商业模式可以被划分为两个阵营:一个是元素形态的商业模式,代表文献如 Chesbrough & Rosenbloom[5],即商业模式是由系列元素所组成,但元素之间的作用关系尚不明确;另一个是结构形态的商业模式,代表文献为 Amit & Zott[10],此时商业模式是有一个结构化的表达。

进一步地,Teece[11]认为商业模式形成了一种逻辑,即提供数据和其他证据以演示业务如何创建并向客户交付价值。同时,Teece[11]还概述了与交付该价值的业务企业相关的收入、成本和利润的体系结构。从本质上讲,商业模式体现了企业的组织和财务架构,他认为商业模式是一种架构。

3.2.2　交易和交换

1. 企业为什么需要交易和交换

商业模式首先需要面对的是关于商业的基本问题。正如亚当·斯密[12]所指出的,劳动分工是依赖于交换的,而交换是超越个人需求的,人也必须依靠交换才能够生存。企业之所以需要交易是因为企业是开放系统,它需要生产商品获取客户,通过和客户一手交钱、一手交货的行为获得利润。因此,商业的基本出发点依赖于交换。

Bastiat[13]论述道,没有交换也就没有社会,没有社会也没有交换。在引用亚当·斯密的分工原因分析基础上,他认为交换提高了资源的利用率,这些资源包括了人力、资本和自然资源,且实现了欲望、努力和满足的和谐。他进一步认为,通过交换,建立了社会,建立了商业。Blau[14]也认为社会交换就是从他人之处可以获利的行动,其含义与Bastiat[13]的表述是一致的,Blau[14]的社会交换就是双方互利的交易或者交换[15]。

Foa 和 Foa[16][17]的资源交换理论,认为交换不仅来自经济方面的衡量,还包括情感。而商业的交换,考虑到消费者的行为[18][19][20][21],无论个人的行为还是组织的行为,都不是纯粹的经济交换就能够达成的。所以商业的本质在于交换的实现,这是战略无法解决的功能。

只有交换达成了,价值实现才能完成。因此保证和促进交换的达成是商业和商业模式的基本出发点[22]。

2. 企业如何完成交易

企业要想完成一次交易或交换,比想象的复杂。在阿里中供系案例里,早期销售员们都摸不着头脑,没人知道该怎么卖中供系的业务,最初销售员们两个半月才能卖出一单中供的业务。后来他们逐渐总结形成了一套销售方式,除了地面推广扫大街、"以点带面"、总结经验分享以外,他们还讲激情、讲热情,每个人都特别有斗志,用感情来感化客户,达成交易。完成一次交易比想象的难,如果达成交易非常简单,那么企业也就不愁没客户了。餐厅里有佳肴,客户手里有钱,但客户并不进入餐厅就餐消费,也没法完成交换。对于餐厅来说,这就是问题所在、关键所在。

3.2.3　客户

1. 企业为什么需要客户

企业之所以需要客户,是因为客户是决定企业生存最基本的资源或者条件。企业的订单是一笔一笔做下来的,明确目标客户很重要。关于客户,德鲁克[23]认为是客户决定了企业的生产,满足顾客的需要是每个企业的宗旨和使命。

客户不是显而易见的。即使经验丰富的销售员也无法准确分辨商场里来来往往的购物人群中谁才是真正的客户。企业经营的关键是要首先识别出目标客户是谁,而不是把重点放在客户细分或者市场细分。

另外,客户不等于用户。在伊顿纪德案例里,学生不是客户,而是用户,家长和校长才是真正的客户。

2. 如何判断潜在客户

如何判断潜在客户在哪里? 韩都衣舍里的潜在客户是 20～35 岁受韩剧韩流影响大的年轻女性,它的客户比较明确。而华为最早销售商品的时候面对的客户不明确,营销人员选择小县城工厂、小电信局作为突破口,而非各个大城市移动、联通的总部。开拓国外市场时,在语言文化不通的情况下,自己去攻市场寻找企业客户太难。于是他们选择先找中国大使馆,让使馆人员给公司牵线搭桥,帮助过滤和寻找客户。

3.2.4　企业

1. 如何理解企业

商业模式肯定是依附在企业上的商业模式。科斯[24]认为企业是市场的替代物,所以交易成本决定了企业的边界,而社会生产的提供需要在企业和市场之间进行二选一的决策。钱德勒[25]则认为,现代工商企业从事了市场的一些职能,此论断把企业的分析范围从企业内部扩展到了企业边界,但是止于企业与市场的边界上。而巴纳德[26]则把客户纳入了企业组织的合作系统之中。这样,企业在作为生产组织,到交易实现组织,一直到客户服务组织的决策迁移过程中,不仅作为产品/服务的提供方出现,而且实现了企业对于服务对象(客户)及其需求的满足方式的把握,有效地实现了企业的成长和规模(与范围)经济。而商业模式设计,则试图把这个边界上的问题弄明白,看清边界上的玄机所在[27]。

2. 企业面临的困难

企业面临的最大难处就是生存发展,这具有高度的不可预知性。同时,企业的发展时机和发展节奏又很重要,因此企业发展面临的最大问题首先是如何判断局势。因为环境具有不稳定性,而恰恰环境越不稳定,商业模式越有用武之地。

另外,内外部资源的丰裕或者稀少对企业的发展也至关重要。企业并不总是拥有充足的资源、物力和财力。当资源不丰裕的时候,如果决策不合理,企业也会遇到很大的问题。

发展节奏方面,企业也不知道成长多快是合理的。成长得太快,管理或者服务跟不上,企业自己会无法驾驭自己。华为到现在已经发展了30多年,阿里也发展了20多年,它们并不是三五年就能做起来的,也并不是一开始就能明确现在做的这几项核心业务。这需要企业一步步地试探摸索,也存在着机缘巧合的成分。时势造英雄,真正能活到现在的成功企业都是历经大浪淘沙后胜出的。

3.2.5 管理者思维还是创业者思维

除了考虑获取客户,企业还要很好地控制整体的业务体系和运营能力。因此需要注意管理者思维和创业者思维的区别。两者在激情和容忍不确定性上差异很大,因为一个是"守业",一个是"创业"。

管理者思维是"守业",追求稳步发展,有借鉴、求效率,重视风险并提前规避,是循序渐进的风格。创业者思维是"创业",在于果敢决断,用视野和前瞻能力来引导业务,对于不确定性有很好的容忍度[8][28][29]。

3.2.6　客户与企业双向寻找

在买卖双方成交的过程中，谁会率先行动？可能是企业，也可能是客户。事实上，很多新业务的开拓，是由客户引发的，是客户创造了商业机会，激发了创新机会。客户也可能很主动，可能有特殊的需求，而这个特殊的需求，就会催生一项新业务。比如，顺丰速运的创始人王卫最开始往来香港与内地为客户携带信件和货物，他发现了其中蕴含的商机，觉得可以做成一项专业的业务。同时，1992 年后香港的制造业北移，8 万多家制造业企业迁移到内地，而企业的进入使得两边的货物、信件往来也快速增加。于是，王卫成立了顺丰速运。

通常，比较常见的方式是企业通过营销来吸引客户，电视、互联网上的广告就是典型的企业启动商业机会的行为。

但是，并不是所有企业都靠营销来吸引客户，企业与客户间交易的达成，是双方相互寻找、双向搜寻的过程。

3.3　商业模式的构建特性

商业模式对企业来说并不是一开始就是现在的模样，它是一个逐步构建的过程。在理解商业模式的时候，不能笼统地把它看作一个整体，而是需要看它的组成部分如何变化。

可以通过两种视角来理解商业模式。一种视角是通过还原论的方式，把复杂的事物分解，从微观的组合视角去理解；另一种视角是通过生态观的方式，认为事物之间是相互影响的[30]。而架构就提供了这样一种分拆与组合的思考方法，还原论的观点可以使我们看到很多不同的组成元素，生态观则能使我们考虑不同元素之间的相互关联和影响，而且这种关系随着情境转变而不断变化。

同时，几个元素的组合是有时间和条件限制的，不是固定不变的。还原论和生态观，会影响到这些元素之间按什么方式来有效地组合。因此，当我们给商业模式寻找一个生存的空间时，不能把它简单地类比为战略或者营销。商业模式拥有自己的独特性，这种独特性不是来自个体元素，而是来自它们之间的相互关系。

　　韩都衣舍是从淘宝代购开始做起的,我们可以称为渠道;出租车司机臧勤用了六七年的时间去熟悉大街小巷和红绿灯的规律,这也是渠道,也就是说他们能知道客户在哪儿,在哪儿能够找到客户。

　　阿里中供系业务是从寻找客户开始的,一个一个客户逐渐地做起来。销售团队去各地拜访推广,他们最初没有渠道,靠自己摸索。在寻找客户的过程中,慢慢地建立了一套自己的销售体系、管理体系,公司也逐渐走上正轨。

　　快餐公司麦当劳则是从做产品开始的。它有自己的汉堡大学,为员工提供系统的餐厅运营管理及领导力发展培训,确保麦当劳在运营管理、服务管理、产品质量及清洁度方面坚守统一标准。麦当劳进入中国市场后,在为每一位顾客提供美味、安心、高品质的美食基础上,持续进行菜品创新,逐渐在全国各地进行门店扩张,增加销售渠道,让更多的客户接受。

　　因此,企业是在不断地探索与尝试中构建商业模式的,任何一家企业都很难在开业之初就把渠道、客户、产品等各元素全部做好。由此,商业模式的构建特性也符合了企业发展的基本规律。

3.4　本章小结

1. 本章主要内容

(1)商业模式具有自己的独特性,不同于战略或者营销。

(2)商业模式是全局决策。

(3)商业的基本出发点是交换。

(4)客户是决定企业生存最基本的资源和条件。

(5)企业与客户之间是双向搜寻的过程。

本章内容结构,如图 3-1 所示。

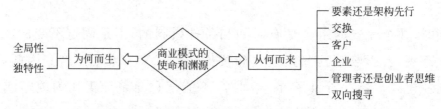

图 3-1　"商业模式的使命和渊源"的内容结构

2. 启发思考题

（1）为什么说商业模式是全局决策？

（2）商业模式的独特性体现在哪些方面？

（3）企业为什么需要客户？

（4）企业发展过程中面临的主要困难有哪些？

（5）商业模式存在的意义是什么？

3.5 参考文献与注释

[1] 顾元勋 著(2014). 拉得上的手：商业模式设计的逻辑. 北京：清华大学出版社. P. 17.

[2] Zott, C. & Amit, R. (2007). Business Model Design and the Performance of Entrepreneurial Firms. Organization Science, 18(2), 181-199.

[3] Zott, C. & Amit, R. (2010). Business Model Design: An Activity System Perspective. Long Range Planning, 43(2), 216-226.

[4] 顾元勋 著(2014). P. 23.

[5] Chesbrough, H. & Rosenbloom, R. S. (2002). The Role of the Business Model in Capturing Value from Innovation: Evidence from Xerox Corporation's Technology Spin-off Companies. Industrial and Corporate Change, 11(3), 529-555.

[6] Chesbrough, H. (2006). Open Business Models: How to Thrive in the New Innovation Landscape. Boston, MA: Harvard Business School Press.

[7] Chandler, A. D. , Jr. (1962). Strategy and Structure: Chapters in the History of the Industrial Enterprise. Cambridge, MA: The MIT Press.

[8] Chandler, A. D. , Jr. (1990). Scale and Scope: The Dynamics of Industrial Capitalism. Cambridge, MA: The Belknap Press of Harvard University Press.

[9] 顾元勋 著(2014). P. 24.

[10] Amit, R. & Zott, C. (2001). Value Creation in E-business. Strategic Management Journal, 22(Special Issue), 493-520.

[11] Teece, D. J. (2010). Business Models, Business Strategy and Innovation. Long Range Planning, 43(2), 172-194.

[12] Smith, A. (1976). An Inquiry into the Nature and Causes of the Wealth of Nations. Chicago, IL: The University of Chicago Press. (Original work published 1776)

[13] Bastiat, F. (1964). Economic Harmonies. Princeton, NJ: D. Van Nostrand Company. (Original work published 1850)

[14] Blau, P. M. (1964). Exchange and Power in Social Life. New York, NY: John Wiley & Sons.

[15] Emerson, R. M. (1976). Social Exchange Theory. Annual Review of Sociology, 2, 335-362.

[16] Foa, U. G. , Foa, E. B. (1974). Societal Structures of the Mind. Springfield, IL: Charles C Thomas.

[17] Foa, E. B. & Foa, U. G. (1980). Resource Theory: Interpersonal Behavior as Exchange. In K. J. Gergen, M. S. Greenberg, & R. H. Willis (Eds.), Social Exchange: Advances in Theory and Research (pp. 79-94). New York, NY: Plenum Press.

[18]　Howard,J. A. & Sheth,J. N. (1969). The Theory of Buyer Behavior. New York,NY：John Wiley & Sons.

[19]　Belk,R. W. (1975). Situational Variables and Consumer Behavior. Journal of Consumer Research, 2(3),157-164.

[20]　Sirgy,M. J. (1982). Self-concept in Consumer Behavior：A Critical Review. Journal of Consumer Research,9(3),287-300.

[21]　Wanke,M. (Ed.). (2009). Social Psychology of Consumer Behavior. New York,NY：Psychology Press.

[22]　顾元勋 著(2014). P. 6.

[23]　Drucker,P. F. (1954). The Practice of Management. New York,NY：Harper & Brothers.

[24]　Coase,R. H. (1937). The Nature of the Firm. Economica,4(16),386-405.

[25]　Chandler,A. D. ,Jr. (1977). The Visible Hand：The Managerial Revolution in American Business. Cambridge,MA：The Belknap Press of Harvard University Press.

[26]　Barnard,C. I. (1938). The Functions of the Executive. Cambridge,MA：Harvard University Press.

[27]　顾元勋 著(2014). P. 8.

[28]　Schumpeter,J. A. (1934). The Theory of Economic Development. Cambridge,MA：Harvard University Press.

[29]　Kanter,R. M. (1984). The Change Masters. New York,NY：Simon & Schuster.

[30]　Gaddis,J. L. (2002). The Landscape of History：How Historians Map the Past. New York：Oxford University Press.

[31]　案例来源：《重读》. 2017-04-20.《阿里"中供系"前世今生,马云麾下最神秘的子弟兵》.

第 4 章

认知一致性

产品的好坏是以客户是否认可为判断标准的。如果客户不认可,那么就无法达成购买决策,产品也就无法转化为商品。同时,同一品类但不同品牌的产品会出现不同的溢价现象,或者品牌出现衰败现象,这都是客户认识和决策的结果。认知,决定了客户是否能够下定购买的决心,是连接企业与客户的基础。由此,本章包括的主要内容是:认知一致性的概念、认知一致性的决策原理、购买决策的权变过程、认知一致性的次序与内容等。

4.1 什么是认知一致性

商业交换的实现需要在提供商和客户之间达成购买决策,认知一致性是反映客户与提供商之间达成购买决策的分析和判断标准,反映对于认知资源的发掘和利用能力。最终购买决策的达成,是一个构建性的信息处理过程。这个过程以未来为导向,基于决策主体(客户 U、企业 V 双方)的经验和现状分析,通过 V-U 间的互惠匹配实现对于认知资源的利用[1]。

案例:灿坤 3C 连锁店的中国大陆之行

以小家电闻名的灿坤集团是中国台湾最大的 3C(3C,是 computer 计算机类、communication 通信类、consumer electrics 消费类电子产品的简称)连锁渠道商。2003 年,灿坤决定将其 3C 连锁模式引入中国大陆。灿坤在台湾的 3C 连锁店已经做到了一百多家,这些连锁店由灿坤进行风格统一的装潢,卖场面积在 3000～5000 平方米。连锁店中灿坤自有品牌的产品占 50%,同时也销售国际知名企业的小家电产品。这种在台湾运行良好的机制是否适用于中国大陆市场?郭艺勋认为这是一个好的尝试,一些台湾成功的经验可能会给大陆的小家电市场注入新的生机。为此针对大陆市场的特殊性,灿坤进行了一些战略调整。

1. 布局中国大陆

2003 年 5 月初,灿坤在上海普陀区开设了大陆第一家 3C 连锁店。随后,灿坤又相继在厦门、上海、漳州开设了 5 家连锁店,并宣布以此为开端涉足大陆的 3C 流通领域。现在,灿坤的触角已经随处可及。

(1) 上海:闵行莘庄的 3C 连锁店

上海莘庄的灿坤 3C 连锁店有着一流的经营环境和安静舒心的购物氛围,对于喜欢安静的人来说非常合适。开放式的陈列模式让消费者能够更直观地感受货物,消费者可以随意地浏览、观看,还可以试用某些配件。电脑配件的品质毋庸置疑,消费者基本不用担心碰到水货、假货、返修货。就算只买 5 元的产品,你也能开具正规的发票,购物绝对有保障。灿坤实际上就相当于一个实力、规模强大的 DIY 经销商,独自撑起了一个门面。但是这样的模式,货源根本无法保证齐全。一般的电脑城的商家,都是互相竞争又互相依靠的关系,在一个电脑城里几乎可以买到任何品牌、型号的配件。但灿坤 3C 店属于独立经营、自给自足的方式,根本不可能把市场上绝大多数的配件品牌、型号都具备。这对于那些需要充分发挥 DIY 精神的消费者来说,是很大的不足,远远不能满足他们的需求。

价格方面,灿坤虽然实行会员制度,但很多配件的价格真是算不上便宜,而且市场反应也很迟缓。尤其是硬盘和内存的价格,不知为什么往往比一般的电脑城高出好多。有些配件市场上早已降价促销了,灿坤却还没一点动静。

虽然是自由卖场的形式,但营业员完全撒手不管也是不对的。很多需要指导或咨询的消费者,往往在偌大的卖场里找不到一个就近的营业员。不是说一定要像电脑城的商家那样热情似火,但至少也要保证一定的人手在卖场多走动走动,及时地给消费者提供服务。

灿坤新建店开在人口密度高、辐射力强的莘庄,按道理说,人气应该非常旺盛。可事实是,即使周末或节假日,灿坤的卖场内也看不到太多的消费者,因为上海的消费者似乎已经认准了徐家汇 IT 商圈。虽然闵行的交通很方便,但是很多消费者购买电脑首先想到的还是徐家汇,这是一种长期养成的消费习惯,短时间是很难改变的。

(2) 厦门:灿坤 3C 流行馆

2003 年 6 月 28 日上午,位于厦禾路光明大厦的厦门灿坤 3C 流行馆(含家电馆、数码馆、通信馆)正式开业。是日,中国灿坤 3C 连锁商场总部正式启动,包括厦门、上海、台北、漳州在内的四地六家 3C 流行馆同步开业。灿坤 3C 流行馆以"会员、技术支持、省钱"为销售宗旨。持有"灿坤 3C 会员卡"的消费者可以享受丰厚的折扣优惠。让人大跌眼镜的会员价格,使得开幕当天厦门和漳州连锁卖场的会员卡办理柜台前排起了长龙。上海、厦门、漳州三地已经有三万多人入会。灿坤 3C 向消费者提出了"即使比别人贵一块钱,7 日差价退钱"的承诺。

厦门电子城商家普遍反馈说,灿坤 3C 店所售大部分商品的价格尽管还没低于电子城同类产品的成交价,却普遍低于电子城的标价和报价。这种接近于亮出底价的卖法,不仅给电子城原有的销售方式提出了新的挑战,同时也对电子城已近微薄的利润率构成了威胁。尽管有观点认为,这种"亏本"的买卖只是灿坤开业期间吸引客流的手法,但是相关人士分析,灿坤此举还有更深远的目标,那就是市场占有率带来的规模效应。即先掌握"通路"再赚钱——以低价和扩张获取足够的市场份额后,从厂商处获取更低的进价和更多的资源,以规模带动收益。来自灿坤内部的消息表明,灿坤已经做好了预亏三年的准备。

相比价格,服务是更具后劲的竞争砝码。如果说灿坤的定价让对手有些紧张的话,那么服务则是商家们自认为可以暂时放松的方面。不少商家认为,对于 3C 产品而言,强调专业化的销售服务是应对规模化大商家的有效手段。比起刚开业的灿坤,这些商家均认为自己在现有的技术、售后服务方面具有一定优势。由于家电数码产品的某些特性,销售人员一对一的专业服务显然更有效果。在这点上灿坤由于迅速扩展导致的人员缺乏将是一大弱点。业内专家认为,电子城等传统 IT 产品经销商应尽快转变营销策略,培养真正的专业销售人员,并通过定价或"半定价"的方式,让消费者的注意力从价格转移到产品特性等方面,唯有如此,才能以专业对抗规模。在这方面,显然厦门的家电商家就成熟多了。

(3) 北京:灿坤 3C 连锁店

2004 年 2 月 10 日上午,《成功营销》记者吴纯勇来到位于北京中关村地区的灿坤 3C 店,这家店只有十个柜台 80 多平方米大小。该店大致分为板卡、显示器、光存储产品和数码影像产品展示区等四大区域,种类不到二十款,消费者的选择余地很小。对于"灿坤会员及消费者如何在这么小的店面来选择产品"这个问题,灿坤工作人员表示,受店面限制,只能摆有限的一些产品进行销售,如果会员有需要,可以到距市区 200 公里外的平谷区店购买,"平谷区的那个店有 8000 平方米,产品很齐全",店员介绍。记者连线了位于北京平谷区的那家 3C 店,据介绍,这家店分为地上 3 层及地下 1 层,地上 3 层分为电脑专区、手机专区和家电专区。从市中心到那里的乘车路线是这样的:从三元桥乘通过平谷的长途客车经过数个小时的颠簸才能到达,车费约 20 多元。试想,北京市区内哪位消费者会有这么执着的热情,仅仅为了一个原本就是羊毛出在羊身上的会员价,跑到远在 200 公里以外的平谷地区购买一台电熨斗、一台冰箱……

2. 调整收缩

2004 年 7 月 14 日,灿坤上半年业绩预警公告称,销售策略及尚未形成经营规模效应的影响,使得零售部门发生大额亏损,侵蚀家电制造部门利润。加上家电部门 2004 年上半年与去年同期比较,营收利润相当,导致公司整体获利大幅下降。

自从 2004 年 5 月开始,灿坤关闭了石家庄中山店和中关村鼎好店。9 月 6 日,福建五一店关闭。接着是广州的三家,然后是上海九江店,还有武汉、南京、昆明等 6 省市的 3C 连锁店也接连关闭,基本上只留下了福建、上海、沈阳、成都四地的店面。

一位行业内人士表示,2003 年下半年灿坤 3C 店进入中国大陆市场,并在短期内迅速扩张到全国各城市。他在分店达四五十家时,就对这种扩张方式持怀疑态度。虽然灿坤在小家电制造业中颇具规模和名气,但它并不了解大陆市场,盲目扩张的结果很可能是全线败退。

事实上,就在闭店风潮之前不久,来自灿坤内部的变革之举已经悄然开始。灿坤在大陆的第七代店将由以往复合经营方式改为厂商专柜的模式,各品牌厂商可自行设计吸引顾客的摆架方式,并改变原来由灿坤店员导购和销售的方式,由各进场品牌厂商自行设导购员。这正是国美、苏宁等成熟卖场的运作模式。"就近期来说,这周我们在福州会开一家新店,2004 年 10 月 1 日会在常州、沈阳和泉州开店,10 月中旬还会开五家,分别在上海、沈阳、晋江、龙岩和厦门。"李国彦说,"流通业的经营哲学就是不断地开店、改店和关店。"此外,灿坤大陆 3C 此前就已从上海总部改分为上海、华东、厦门、福州、广州、华北、东北以及中西部八大区块,并积极网罗其他同业管理人员。

3. 终结

闽灿坤 B(200512)发布公告称,灿坤已于 2004 年 7 月 1 日以 1.438 亿元人民币出售灿坤 3C 在大陆的门店给永乐。永乐生活电器将承接灿坤集团在中国大陆的全部 32 家零售门店,而灿坤集团将在大陆继续专注于家电研发、制造。原来灿坤的会员可以享受同等的权利,具体的事宜由灿坤和永乐共同承担。至此,灿坤终结了在中国大陆的 3C 连锁店业务。

案例来源:中国管理案例共享中心《灿坤 3C 连锁店的中国大陆之行》

灿坤的案例给我们带来了一个启示:客户达成购买决策,是商业模式设计拥有生命力的致命环节。那么,如何让客户达成购买决策?需要做些什么?又要避免什么?

在案例中,灿坤最后退出的原因在于,灿坤 3C 没能真正做好其"会员、技术支持、省钱"的三项销售宗旨,也没有真正做到低价。另外,在销售的过程中,灿坤的服务不到位、顾客体验不好。但最重要的原因还是在于决策框架没有及时切换,企业对基本环境的判断和客户的真实情况并不契合。比如,北京的消费者在选购电子产品时,首先会去中关村,而不是灿坤。但是灿坤并不了解不同地域消费者的消费习惯,因此没能针对竞争者做出有效及时的应对。当时,灿坤提出的 3C 理念本应是其竞争力的关键,但是却因为客户不能理解和接受这种全新的消费概念,市场教育的难度和成本又较高,一时难以弥补,没能发挥出应有的效果。

成功的企业往往会寻找一个合适的介入时机,而不会选择盲目冒险。时机不对,就会出现企业所理解的市场与客户实际情况之间的错位。如果企业的产品理念有问题,即使很先进但是依然没有能力去引导或者主导社会消费潮流与趋势。回想当年,当 IBM 推出 PC 的时候,大家觉得这个行业有希望,为什么?因为 IBM 的声誉本身决定了大家相信它的判断力,这个很重要。而小公司没有能力引导潮流或者塑造市场,比如灿坤当时是没有能力引导家电或者电器电子产品的消费潮流的。

那么,什么会影响客户不做出购买决策?商品不全、专业服务缺乏、价格优势不明显……同一时期国美电器连锁店的商品单价较高,而对比灿坤则单价就相对低一些,这意味着只能通过提高企业的流通量才能盈利,这需要更多的客户购买,否则也没有整体竞争优势;但由于 3C 商品不是快速消耗品,这意味着客户不会短期内重复购买。灿坤本身的客流量不占有优势,而且潜在客户的转化率也不高。这些潜在客户来了并不购买东西,不是因为没有东西卖,也不是因为没有场所,但企业就是没有办法让客户进行消费。也就是,客户并没有做出购买决策。

商业模式必须把购买决策作为根本任务。只有让客户达成购买决策,才能实现商业交换,从而完成企业的价值实现。客户的认知资源,也就是客户如何理解自身的需求、产品和市场前景,是企业最重要的资源,而不仅是客户本身。很多时候人们一旦形成这种既有的判断,往后就很难改变。所以企业要学会改变决策框架,即看问题需转换视角。这一方面需要把对客户地位的认识放在企业经营的首位;另一方面,需要深刻理解客户达成购买决策的机制所在。

企业与客户之间的交换实现,是双方一致同意的结果。如果单独看每一次交换,每一次所交换物品的价值除了协议双方相互平衡的需要或欲望以及财力凭借以外,便没有其他衡量尺度。物品的价值只能由当事人双方意见的一致来规定,而不由任何其他东西来规定[2]。一般意义上的交换实现是通过价格机制来考察的,越是具有价格优势的产品和服务越容易得到客户的认可,从而促使客户达成购买决策。这种价格机制的基本前提是,市场上所提供的相互竞争的产品和服务是同质的,而且客户对于实现交换的过程本身的认知也是相同的。具体而言,与产品和服务联系在一起的相关特性是同质的或者几乎没有差异,或者客户对于其中的差异化特性没有感知。然而,由于客户做出购买决策的过程受到了决策任务、情境以及客户本身认知能力的影响,因此,在此处所陈述的前提条件往往会变得复杂起来,具有权变的特征[3]。综上,价格不是决定交换能否实现的唯一特性,还必须考虑提供商、客户双方互动的过程所引起的相关特性,才能理解和把握交换实现的内在机制。也就是,交换的实现,不是一个显而易见的问题,而是提供商和客户双方交互作用的结果,这其中的关键就是客户是如何达成购买决策的[4]。

客户购买决策是一个权变过程[3],涉及提供商、客户如何处理信息和信息的流动与反馈,以及双方的认知能力。决策包括了决策前、决策和决策后,决策者的不满意程度取决于两个因素——决策前的冲突和决策后的认知失调。决策前的冲突是因为缺乏合适的选择特别是理想式选择的不可行,决策后是一个逐步重新评估、评价和认知调整的过程[5]。

客户在做出购买决策前往往已经有了一个初步的目标,这个目标随着决策过程可能会做出调整和变动。因此客户的购买决策,就是客户、提供商双方共同实现这个目标的过程,也就是客户、提供商双方互惠匹配的过程[6]。这个相互匹配的过程,最终通过销售环节而实现,但不仅取决于销售这一个环节,而是企业与客户的相互作用的结果。企业通过频谱创造了情境(context),然后客户在这个情境之中达成了购买决策。因此,这里有三个问题最重要,一是客户达成购买决策的判断标准,二是对情境重要性的理解,三是客户达成购买决策的过程。由此,构建了认知一致性(alignment of dyadic cognitions)的分析框架[6],如图 4-1 所示。

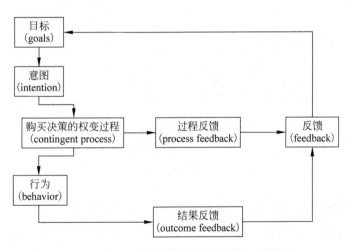

图 4-1　认知一致性的分析框架(来源:文献[6])

4.2　认知一致性的决策原理

实际上,认知一致性是个决策的问题。我们在决策过程中往往会依赖经验、现状和预期(experience,existing & expectation,3E)。经验,是指决策主体的知识积累,这些知识会随着情境和情态的改变而被选择性地激活[7][8]。现状,主要体现在情态的敏感度和依赖性、购买决策过程的动态性、知识的激活等方面。预期,主要体现在未来导向的行动,这往往基于目标设置和意图确立[9]，并受到周围人群、社会规范[10]以及面向未来的认知失调消减[11]等方面的考虑。

　　与 3E 交叉并存的是情态(situation)、表达(representation)和行动(action)。情态，是决策主体对于当时决策因素的判断；表达，是备选方案的呈现；行动，是决策主体在意图和认知失调上的反应。由此，构成了认知一致性的基本决策分析原理，如图 4-2 所示。这表明，购买决策的达成是一个追溯过去、立足现实、面向未来的过程，同时也是一个决策主体自我判断、相关知识激活、行为导向的问题解决过程[12]。

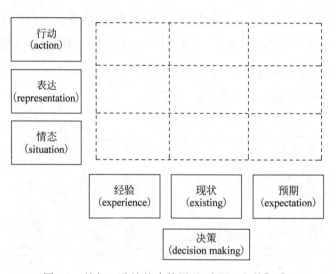

图 4-2　认知一致性的决策原理(来源：文献[12])

　　认知一致性解决的根本问题是如何达成购买决策，判断客户是否达成了购买决策，最直接的判断是客户是否采取了购买某种商品的行为。但是，在如何界定是否已经购买的问题上，由于购买过程中存在着如成交合同、预付定金、付款、发货等多个环节，其中的任何一个动作都可能作为交易完成的标志。然而由于企业业务类型的多样化和客户与企业达成购买协议的多变性，我们很难从一个具体的动作上给出是否达成购买决策的判断。因此需要依靠对于客户认知的理解，从客户的内在意志上判断客户是否达成了购买决策。根据 Zeleny[5]对决策前、中、后的分析，此处提出了达成购买决策的判断标准：

　　(1) 意图不再改变或者稳定；

　　(2) 认知失调可容忍或者没有[13]。

意图会影响行为,这是判断购买决策是否已经达成的一个最基本的出发点。因此当我们的意图不再改变或者趋于稳定的时候,人的行为是相对可以预测的。人们在面对多个备选方案时,每一个备选方案都会包含多个属性。没有十全十美的方案,因此选择任何一个方案都意味着有更好的属性被放弃,这个选择的过程就是不断权衡的过程。一旦做出最后的决策,由于属性之间可能会存在价值判断的冲突,就会产生认知失调[11]。如果不存在认知失调或者对于决策主体来说认知失调可以容忍,那么决策行为就会保持相对稳定的状态。

但同时,意图不足以确定行为的必然性,认知失调也不足以产生必然的行动。因此有必要进一步阐述购买决策的达成过程,即互惠匹配是如何完成的。

4.3　客户—企业互惠匹配过程

4.3.1　客户—企业间互惠匹配的阶段性循环

客户(user, U)和企业(vendor, V)之间的互惠匹配是一个最终达成购买决策的过程。V-U 的互惠匹配过程不是一个直线过程,这个匹配会被划分为很多阶段,包括启动、提议、商讨、反馈、完成等步骤,因此其中任何一个环节的参数因素都可以或者可能改变决策行进的方向,从而让 V-U 的互惠匹配过程变成了锯齿形的进程。这个锯齿形的进程会出现备选方案的数量变化、备选方案的复杂性变化、决策成本高低变化、决策情态变化等,从而使匹配的过程出现或者简单或者复杂的局面,让匹配的过程变成了一个多阶段的系列决策的组合[14],因此对于提供商的备选方案,客户可以在特定的情态之中使用不同的决策策略[15]。

为了提出并分析具有一般意义的相互匹配过程,我们把信息处理和权变决策作为基本的参考范式,来囊括这个匹配过程的关键要素。这些要素[3][16]主要有任务复杂度、决策情态、信息处理能力、认知结构[17]、决策框架、信息获取和评估、记忆、决策过程、经验、学习[18][19][20]、社会化[21][22]、预期,以及认知失调等。根据信息处理和权变决策的观点,决策过程不是一个直线的过程,而是存在着多处反馈机制的演变过程。从理性的角度来看,这个过程是计算选择项的优劣。然而,考虑到客户存在着有限理性[9]的约束和不理性[23],这个过程不是一个直接的计算过程,而是在一个客户身上整合了多种认知要素后发生累积效应所产生最终购买决策的过程。

首先,价值实现频谱起到了筛选的作用,表现为通过频谱实现了 V-U 之间的初步匹配,也就是借助于频谱实现了双向搜寻,能够在频谱之中互动的 V-U 对于对方的认识是与自己的期望目标具有一定匹配基础的,因此启动阶段的 V-U 已经具有了可能达成购买决策的基本条件。这个阶段对于 V-U 来说,其自身所拥有的特性,是吸引对方走到频谱之中接触的基本条件。对于 V 而言,其有形的特性就是产品和服务的功能,以及这些产品和服务所能为客户创造的价值和满足客户预期欲望的能力。无形的特性就是提供商的服务能力、组织能力、品牌和声誉等。对于 U 而言,其有形的特性就是其购买力,而无形的特性就是其欲望和需求。其次,未来导向的 V-U 判断是无法准确计算的,这种有限理性决定了 V-U 对于购买决策过程的推动只是方向性的,而不可能是精确性的。最后,V-U 达成购买决策的匹配过程是一个反馈过程。在 V-U 互动的过程中,无论 V 还是 U 都存在着重构(re-construct)决策框架的可能,以及对于决策情态的重新认识,因此无论 V-U 中的哪一方占据主动,都无法摆脱处于这个新情态,从而需要对于备选方案进行重新评价[24]。

影响决策达成的因素如此之多,为了更好地理解 V-U 最终购买决策的达成,此处采用了程序化的决策分析方法,也就是把决策事件看作是多个阶段[15][25][26][27]的组合。这些阶段包括了备选方案的提出、初步选择(意向性选择)、根据商讨再提出备选方案、再选择,直到选择出双方都可接受的满意方案,也有可能中途出现任何形式的备选方案都无法达到和满足决策主体的要求而无法达成购买决策的情形。因此,V-U 间购买决策的达成,可以是一个或者数个轮回的运转(图 4-3)。也就是我们通常所见到的"讨价还价",可以是一个压缩的过程,也可以是一个漫长的过程。虽然时间可以影响和解决决策中的冲突,甚至改变决策的方向,但时间是一个需要根据产品(服务)特点而加入的调节变量,因此在 V-U 的互惠匹配之中,更需要关注的是这个过程所呈现出来的典型特征[28]。

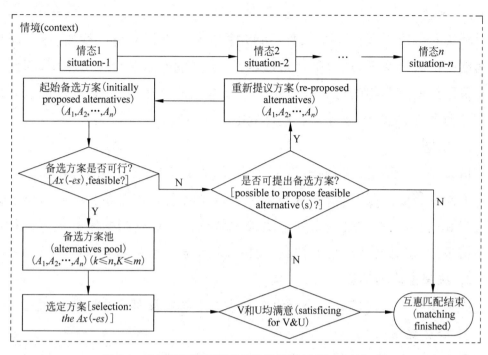

图 4-3　V-U 间互惠匹配的阶段性循环(来源：文献[28])

决策的过程会修正意图或者认知失调的问题。以情态 1 为例,这时候做任何决策都有备选的方案。在做决策的过程中,方案是不断形成的。准备得越多越充分,方案形成得就越明确;越不充分,决策就越容易受到外界的影响。在情态 1 的决策处理完之后事情大概率会超出意料,后续会有多个情态的出现,也就是场景不断地被构建。比如,灿坤公司进入大陆市场的时候所理解的市场和实际的市场不太一样,大陆各地的情况也不一样,但是它没有及时去更正,并重新构建新的形态。需注意,人们对于情态的判断是不同的,客户谈判的时候在自己的主场更有信心,在一个自己熟悉的环境更容易放松,在相对陌生的环境更容易妥协,更容易成交。这意味着实际上我们在一个情境里面,面临不同的时空转换的时候,各种相关条件已经发生了改变,情态也随之而变,但是很可能你并没意识到它转变了;客户在购买了东西后后悔就是这么引起的。

4.3.2　购买决策的权变因素

购买决策过程会受很多因素的影响,具体如下[29]：

1．情境

情境是解决问题的基本条件，可以理解为一个大环境。例如，在互联网购物盛行的大环境下，从消费者角度看，考虑问题的条件更充分稳定，因此更容易采取到网上购物的行为。但对于一个具体的企业而言，它很可能没有那么多资源条件，此时的业务发展抉择就很有挑战性。

2．情态

情态是一个缺乏结构的不稳定氛围，每个个体对于情态的特征和因素会做出不同的判断。因此，情态是个体对于情境因素的感知和探查而做出的内在反应和内在认识，它是一系列被决策主体感知和探查到的因素集合。相比较于情境，情态具有暂时性的特点，而情境具有永久性的特点。

3．决策主体的特征

决策主体的风险偏好大小、经验、知识等个体特质都会影响决策过程。

4．任务复杂性

任务的复杂性受到很多变量的影响，比如备选方案的数量、备选方案中的属性的变动、时间压力等。任务复杂性会影响方案的形成过程和可选性。

5．备选方案与属性及决策框架

备选方案之间会有冲突或者矛盾，此时就要权衡，而权衡过程中每个决策者看重的维度特质却并不相同。灿坤看重的是会员、技术和价格这三项，但实际上有多少消费者会关心技术和服务？自从计算机诞生以来，维修需求越来越少。由此，当人们对决策框架有不一样的认识和理解的时候，方案取舍就会出现很大的问题。

6．成本和努力

决策的完成，需要成本和努力。成本主要表现在信息搜寻、获得和处理上。有的决策背景模糊，需要进行判断；而有的决策局势明朗，这实际上也会影响方案的重新构建。在行进过程中，随着情况的改变，方案也不断地重新构建。局势看不清时，决策主体做决策就需要很多工具，需要付出大量努力和成本。

7．决策的策略

决策策略是决策主体完成选择所采取的信息处理方式，这种信息处理是选择性的。例如，是采取一次性打包的方式，还是切片成一步一步来的方式？

不同的决策策略会影响决策主体对问题的估计。

8．预期和不确定性

预期是对于未来事件状态的信念，也是决策主体由情态线索和提示而唤起的认知结构。确定性是决策主体对于预期事件的发生所持有的主观可能性。决定预期确定性的因素包括直接经验、众人的信息、心理模拟下的预期可达性、过去是否确认过类似预期。

9．重复购买和重复销售

不同于单次购买，重复购买在实质上并不是单次购买的简单重复。这是由于重复购买改变了客户的信念和风险观念，产生了对于本品牌的主动风险防御并接受了这些风险（和不满意）。同时重复购买造成了客户对于竞争品牌间的区隔，但是可能会导致对本品牌的逆转。通过重复购买和使用体验，客户对于本品牌产品的信息了解得更多、更深入，可能从关注品牌转而关注产品的特定（关键）性能，从而重复购买改变了前文所论述的决策主体特征（即掌握信息多寡与通过品牌还是属性来决策）。与重复购买对应的是重复销售，如果把客户和企业作为对等的风险承担者，那么二者在重复业务上的原理是一致的，也就是次数越多，对于风险的估计越低。但是，如果 V 和 U 之间的地位不对等，或者专业能力不同，就需要做出进一步的分析。

10．竞争性的交易

客户购买决策的认知过程，是一个存在着竞争防范和竞争应对的过程，也是客户主动进行信息处理的过程，因而把 V-U 双方的处境都考量后形成的承诺，既要保证客户意图的稳定，也要保证客户认知失调的尽量避免或者可容忍。在这个竞争性的交易过程之中，除了常规的价格、质量等竞争外，还有社会关系竞争。社会关系的运用本身就是一种获得对方认可的资源，对于竞争对手而言就是屏障。

11．认知的重构

认知重构是指 V-U 双方互动过程中对原有思考方式的改变，比如目标设置的改变引起了价值主张的转换。通过快速学习和更新知识，双方对事情的判断也会发生新的变化。V-U 互惠匹配的过程，是一个不断被构建的过程。构建的透视可以帮助理解匹配过程中可能存在的中断与循环，从而可以很好地把握应该在何处、在何时及如何去引导和形成具有主动权的局面。

4.4 认知一致性的内容与结构

企业—客户间的互惠匹配是通过认知一致性实现的,最终使客户达成购买决策。然而这个匹配的过程性和权变性决定了 V-U 双方在此过程中分别使用了不同的信息处理机制。也就是,V-U 间的互动是以信息提供、处理和反馈为基本形式。因此,需要进一步分析哪些信息被处理,以便寻求认知一致性内容的基本分析结构和内容组成。具体的结构由两个维度形成:认知发展和知识激活[30]。

4.4.1 认知一致性的维度

根据皮亚杰[31][32]的认知发展理论,一个人智慧和知识的形成是一个建设性的过程,经历了同化、调节、平衡三个基本过程。同化是一个主体把环境中的信息内化于自己已有的认知结构之中,与自己的认知结构保持相容。调节不是一个主体被动地受制于环境,而是简单地修改自己的同化循环使得自己与环境相适应。平衡是在同化和调节之间建立一种平衡,也就是在客体与主体之间建立平衡[31]。一个人从儿童成长为成年人,都会经历一个随着年龄和阅历的增长而增长智慧和知识的过程[33][34]。由此,把认知发展(cognition development)作为分析认知一致性内容的一个维度。

另一个分析认知一致性内容的维度是知识激活(knowledge activation),即决策主体调动和重新组织自己已经存储的知识。知识激活不仅取决于一个主体已经存储的知识,还取决于外界刺激信息及其与存储知识的关系[7]。知识的激活受到两类因素的影响,一个是某一主体的知识可用性,也就是已经存储的知识;另一个是激发条件,如一个主体的知识使用频次、外界环境的刺激信息对于主体敏感的特征、主体的习惯性思维。越是被频繁使用的知识,越容易被激活[35][36]。同时,主体对于不同事项之间的关联所持的认识差异也是影响知识激活的因素,也就是刺激信息之间的关联度越强,人们激活知识和使用启发式决策的能力就越强[35]。另外,人们还受到长期习惯思维的影响,当受到外界信息刺激时容易按照已有的模式来激活和使用知识。但是这种长期形成的习惯思维与当前所用刺激信息二者对于决策主体做出判断的作用是相互独立、相互影响的[7]。人们对于当前事件的应对处理可以出现与以往不同的方式,这是因为人们对于事件的理解会受到情境和情态的影响[7][36],那些被认为具有主导地位的事物属性会发生改变。因此,知识激活不是一个独立变量,而是一个决策主体与所处环境之间的中介变量[34],这与决策主体的任务属性、认知努力、成本、技能以及主体所具有的持续形成和积累的解决问题的方法相关。由此,知识激活就是决策策略和问题解决策略的选择。知识激活的策略选择会在容易和困难之间徘徊,这是因为不同的知识激活将会影响决策主体在特定的情境和情态下决定该处理哪些信息才是有效率和有效益的,越是需要最小努力的越容易被激活[37]。

4.4.2　认知一致性的内容结构

根据认知一致性的两个维度:认知发展和知识激活,本书形成了认知一致性的内容结构,如图 4-4 所示。

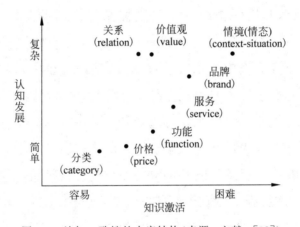

图 4-4　认知一致性的内容结构(来源:文献:[38])

在认知一致性的内容结构中,所包含的内容分别是:分类、价格、功能、服务、品牌、价值观、关系和情境(情态)。在认知发展与知识激活两个坐标上,本书把这些内容进行了排列[39]。

分类是人们理解事物的一个最基本的能力。例如,如今对于手机的定义,可以是通信工具、娱乐工具或者劳动工具。分类意味着企业选择不同的客户。把手机当作劳动工具卖,意味着客户是公司里的上班族,在给公司的老板推销;如果当成娱乐工具卖,那就是另外一回事了。因此分类意味着对事情的定位和对事情不同的理解，相对而言比较容易掌握。分类就是依据一定的规则把事物分组，这些规则构建了概念的形成和获得；分类是最简单和最普遍的认知，学会和运用分类反映了一个人最基本和最通常的认知形态，通过分类可以用来调整自己以应对环境；分类具有面向未来的本质，根据分类抓住出现的线索和提示可以提前对事件作出调整。由于主体的认知能力有限，对于特定的主体而言分类可以减少此主体所应对事物的多样性。分类既能以最小的认知努力提供最多的信息，也能让主体感知到世界是有结构的，而不是随意的和不可预测的。通过分类，既可以为企业创造出产品（和服务）创新的空间，也可以让购买者很容易地唤醒记忆中的可用信息。在消费者行为中，当消费者原先拥有的产品分类知识与新接触的产品品牌具有类似性时，消费者就会提高对此产品的评价。

价格是商业交换中最基本的衡量标准，也是从儿童开始建立的关于产品认知的基本属性，并且价格往往与产品的功能相伴随。在企业的外部市场中，价格往往与威信和信任交织在一起来控制交易活动。以价格和威信为导向的交换往往会演变为以信任为纽带的交换。同时在特定的时间，社会交往的信任会演变为经济交换中的信任。在 V-U 互动关系中，与价格和威信直接相关的是品牌，价格与企业的市场份额、产品与服务等因素决定了客户对于品牌的认知。同时关于 V-U 间的沟通形成了品牌的基本信息来源，包括 V 主导的沟通，如广告、销售白皮书、销售人员直接传达的信息；U 主导的沟通，如朋友、邻居、品牌使用者等；以及中立方的沟通，如产品使用评价。由此，从产品分类、价格、功能、服务，直到品牌的认知，所需要的知识激活的认知努力和经济成本越来越高，所需要的技能也不断提高，知识激活的难度越来越大。同时，V-U 间保持和提升这些项目所需要的认知发展也在不断提高，从相对简单的属性划分，到越来越复杂的属性组合和形成备选方案，对于知识的构建不断地走向复杂。

功能指事物满足特定目的的活动。福特汽车公司刚开始经营汽车的时候，认为汽车是代替马车的交通工具。后来他们在做宣传的时候将其转变成一种时尚的工具。所以福特公司做的广告一开始是农民在农田里开汽车，到 20 世纪就变成了时髦的城市女性在商业中心穿梭。从城市到郊区的旅游代步工具，车本身没变，但它的功能从最开始的代替劳动力到后来变成购物休闲、展现身份品位、提供生活享乐的工具。因此,产品的功能是可以被重新定义的,而不是固定不变的。

服务的提供和定价是很难把控的。例如,消费者购买汽车后一般都需要服务,包括维修保养等。大致估算,一辆汽车从它购买后直到报废所需的各种维修保养等服务费大致和这辆车的售价相同。

品牌的概念不是天生就有的,是随着传播和体验而逐渐形成的。比如,20 年前,消费者购买家用电器会首选去国美、苏宁等连锁店,而现在则很多是选择京东这些网上商场,但是实际上卖家电的商场不止这几家。顾客对品牌的理解是要慢慢培养和理解的,客户对经常性购买的品牌有忠诚度,也就是品牌的锁定效应,这种忠诚度会影响到很多的判断和决策。实际上我们做决策的过程,是一个追求相对理性的过程,而不是纯粹理性的过程。

关系不容易建立,比如信任。一千个人心中有一千个哈姆雷特,对同一事物每个人都会有各自不同的看法。这个没有对错,每个人的价值观和各自的家庭背景、人生经历等息息相关。而人们一旦形成某种价值判断以后,便很难更改。这和我们俗话所说的"萝卜白菜各有所爱"不是一回事,因为这个价值观会涉及人们思想上的改造。由此看来,最难做的是思想工作,而不是单纯的业务功能。

如何理解情态或场景,就是我们会发现消费者存在着在商场"冲动消费",购买自己实际不需要东西的情况,因为销售员重新构建了一种场景,让客户进入另外一种状态,影响了消费者的购买决策。这就是情境(情态)的构建能力。

在认知上,比较容易激活的有分类和价格。但和认知发展不同的是,再往后比较容易激活的不是功能,而是关系。比如,企业两方的高管相互拜访更容易达成订单。关系很难培养,但是要激活的时候很容易。这是因为人本身是有社会性的,每个人都需要社交的技能,但是并不是每个人都拥有这种社交的技能。这个时候就更依靠经验了,资历老一些或者年龄大一些的人在处理关系方面就会相对更得心应手。

更难激活认知的是价值观,其实我们在很多时候做判断是受到了价值观的影响。顾客相信的或者否定的东西,会直接影响他的判断,而价值观的改变会改变顾客的认知结构,这确实有难度。在产品功能相同的情况下,人们会做出不同的选择,大部分原因是想法观念不一样,有的人更看重科技感、身份感,就会使用苹果、华为手机;而更看重拍照是否清晰好看,则会选择 OPPO 手机。

如果说功能和服务也难以激活,这是因为很多消费者没有建立起这个认知,这和商业经历以及产品策略有关系。

品牌,反映了企业的价值主张,但不见得每个消费者都理解得一样。

知识激活里面最难的是情态或者情境的构建。比如,与客户谈订单、进行商业谈判要在自己的主场而不是对方的地盘。这是因为在不同的情境里,人对事情的理解有区别,在自己的主场会更熟悉,更有优势和底气,从而形成了对情态的把握或对干扰的排除。

企业在经营的过程中,是在不断地试探或者确认客户的认知发展水平。当企业没有自己的有效品牌时,就要把品牌做起来;当有了自己的品牌后,就需要引导客户的价值观。灿坤公司的大陆之行之所以失败,从认知的激活与发展来看,灿坤在进入大陆市场时侧重于价格、分类、功能这些方面,而在服务、品牌、情境、价值观这些方面其实做得并不好。

需要特别注意的是,认知发展和知识激活两者不是完全同步的,很容易出现一种情况就是认知发展和知识激活的背离。因为若以企业为参照点,对不同的客户而言,其认知发展和知识激活的程度不一样,反之亦然。认知发展和知识激活是一个交错的,而不是平行发展、线性叠加的过程。

4.5　本　章　小　结

1. 本章主要内容

(1) 客户达成购买决策,是商业模式设计拥有生命力的致命环节。商业模式必须把购买决策作为根本任务。

(2) 购买决策的达成是一个追溯过去、立足现实、面向未来的过程,同时也是一个决策主体自我判断、相关知识激活、行为导向的问题解决过程。

(3) 达成购买决策的判断标准:①意图不再改变或者稳定;②认知失调可容忍或者没有。

(4) 提供商和客户之间的互惠匹配是一个最终达成购买决策的过程。

（5）购买决策的权变因素：情境、情态、决策主体的特征、任务复杂性、备选方案与属性，及决策框架、成本和努力、决策策略、预期和不确定性、重复购买/重复销售、竞争性交易、认知重构。

（6）认知发展和知识激活，形成了认知一致性的内容结构。在认知一致性的内容结构中，所包含的内容分别是：分类（category）、价格（price）、功能（function）、服务（service）、品牌（brand）、价值观（value）、关系（relation）和情境（与情态）[context（& situation）]。

（7）认知发展和认知激活是一个交错的而不是平行发展、线性叠加的过程。

本章内容结构，如图 4-5 所示。

图 4-5　"认知一致性"的内容结构

2. 启发思考题

（1）什么是"认知一致性"？其背后的基本原理是什么？

（2）购买决策在商业模式中扮演着什么样的角色？

（3）如何理解客户（U）、企业（V）之间的互惠匹配？V-U 互惠匹配的过程是怎样的？

（4）影响购买决策的权变因素有哪些，它们是如何影响购买决策的？

（5）认知发展和认知激活有何不同？二者有着怎样的关系？

4.6　参考文献与注释

[1]　顾元勋 著（2014）.拉得上的手：商业模式设计的逻辑.北京：清华大学出版社.P.51.

[2]　Turgot, A. R. J. (1898). Reflections on the Formation and the Distribution of Riches. New York, NY：Macmillan. (Original work published 1770)

[3]　Payne, J. W., Bettman, J. R. & Johnson, E. J. (1993). The Adaptive Decision Maker. New York, NY：Cambridge University Press.

[4]　顾元勋 著（2014）.P.115.

[5]　Zeleny, M. (1982). Multiple Criteria Decision Making. New York, NY：McGraw-Hill.

[6]　顾元勋 著（2014）.P.116.

[7] Higgins, E. T. (1996). Knowledge Activation. In E. T. Higgins & A. W. Kruglanski (Eds.), Social Psychology: Handbook of Basic Principles (pp. 133-168). New York, NY: The Guilford Press.

[8] Wyner, R. S. (2008). The Role of Knowledge Accessibility in Cognition and Behavior. In C. P. Haugtvedt, P. M. Herr & F. R. Kardes (Eds.), Handbook of Consumer Psychology (pp. 31-76). New York, NY: Psychology Press.

[9] Simon, H. A. (1947). Administrative Behavior: A Study of Decision-making Processes in Administrative Organization. New York, NY: Macmillan.

[10] Blau, P. M. (1964). Exchange and Power in Social Life. New York, NY: John Wiley & Sons.

[11] Festinger, L. (1985). A Theory of Cognitive Dissonance. Stanford, CA: Stanford University Press. (Original work published 1957)

[12] 顾元勋 著(2014). P. 164.

[13] 顾元勋 著(2014). P. 119.

[14] 顾元勋 著(2014). P. 131.

[15] Wright, P. (1974). The Use of Phased, Noncompensatory Strategies in Decisions between Multi-attribute Products (Research paper No. 223). Stanford, CA: Graduate School of Business, Stanford University.

[16] Bettman, J. R. (1979). An Information Processing Theory of Consumer Choice, Reading, MA: Addison-Wesley.

[17] Lewin, K. (1948). Resolving Social Conflicts. New York, NY: Harper & Brothers.

[18] Skinner, B. F. (1950). Are Theories of Learning Necessary. Psychological Review, 57(4), 193-216.

[19] Wiener, N. (1954). The Human Use of Human Beings: Cybernetics and Society (Second Edition). Boston: Houghton Mifflin Company.

[20] Hergenhahn, B. R. & Olson, M. H. (2001). An Introduction to Theories of Learning (Sixth Edition). Upper Saddle River, NJ: Prentice Hall.

[21] Ward, S. (1974). Consumer Socialization. Journal of Consumer Research, 1(2), 1-14.

[22] Moschis, G. P. & Churchill, G. A., Jr. (1978). Consumer Socialization: A Theoretical and Empirical Analysis. Journal of Marketing Research, 15(4), 599-609.

[23] Elster, J. (1979). Ulysses and the Sirens: Studies in Rationaltiy and Irrationality. New York, NY: Cambridge University Press.

[24] 顾元勋 著(2014). P. 132-134.

[25] Janis, I. L., & Mann, L. (1977). Decision Making: A Psychological Analysis of Conflict, Choice, and Commitment. New York, NY: The Free Press.

[26] Lopes, L. L. (1981). Decision Making in the Short Run. Journal of Experimental Psychology: Human Learning and Memory, 7(5), 377-385.

[27] Einhorn, H. J. & Hogarth, R. M. (1981). Behavioral Decision Theory: Processes of Judgment and Choice. Annual Review of Psychology, 32, 53-88.

[28] 顾元勋 著(2014). P. 135-136.

[29] 顾元勋 著(2014). P. 135-159.

[30] 顾元勋 著(2014). P. 168-170.

[31] Piaget, J. (2001). The Psychology of Intelligence. London: Routledge. (Original work (First English edition) published 1950)

[32] Piaget, J. (1970). Genetic Epistemology. New York, NY: Columbia University Press.

[33] Piaget, J. (1958). The Growth of Logical Thinking from Childhood to Adolescence (The First

English edition). New York，NY：Basic Books.

[34] Ward，S. ，Wackman，D. B. & Wartella，E. (1977). How Children Learn to Buy. Beverly Hills，CA：Sage Publications.

[35] Tversky，A. & Kahneman，D. (1973). Availability：A Heuristic for Judging Frequency and Probability. Cognitive Psychology，5(2)，207-232.

[36] Mandler，G. & Shebo，B. J. (1983). Knowing and Liking. Motivation and Emotion，7(2)，125-144.

[37] Zipf，G. K. (1949). Human Behavior and the Principle of Least Effort. Cambridge，MA：Addison-Wesley.

[38] 顾元勋 著(2014). P. 171.

[39] 顾元勋 著(2014). P. 171-173.

[40] 案例来源：顾元勋. 2010-06-03.《灿坤 3C 连锁店的中国大陆之行》. 中国管理案例共享中心.

第 5 章

价值实现频谱

商业价值的实现,需要在客户与企业之间完成交换,这依赖于企业与客户之间的"接触点"的搭建。这个"接触点",一方面是物理上的企业与客户之间的对接,另一方面是认知上的企业与客户的对接。企业与客户之间在这两个方面能否有效对接是实现商业价值的关键。物理上的对接,就是价值实现频谱;而认知上的对接,则是认知一致性。本章介绍了物理上的对接"价值实现频谱",包括价值实现频谱的含义、类型,以及如何构建和创新价值实现频谱。

5.1　价值实现频谱示例:广告与营销

商业模式最基本的要求是有客户进行购买决策。接触客户是达成购买决策的关键一步。恒源祥和脑白金都是消费者耳熟能详的品牌,正是凭借洗脑轰炸式的广告,才能让顾客形成品牌潜意识,使得品牌有极高的社会知名度。同样,提到全聚德,消费者都会下意识地想到"全聚德烤鸭",而非其他商品。这就是以上企业通过广泛的社会传播,搭建了有效的"价值实现频谱",并确保其几乎接触到了每个潜在消费者。

我们所指的价值实现频谱,不仅有物理的约束,即市场推广的渠道,而且需要营销,让大家都知道这个产品。不仅是厂商能找到潜在的客户,关键还要让客户也能找到厂商。企业之所以进行尽可能广泛的广告与营销,目的是让大家知道产品的存在,在"教育"消费者的同时,形成品牌知名度。

很多企业不是不投广告,而是不会做广告。广告的作用是向顾客传递产品准确信息,与顾客进行沟通,缩小顾客选择范围。纳爱斯公司刚开始起步的时候,做了百万礼品大赠送的活动,作为国营企业,这在当时被认为是一种败家的行为,风险相当大。但是实际上这个活动改变了大家对纳爱斯品牌的理解。企业要通过宣传、打广告或者沟通传播等其他方式,让别人知道有这种产品的存在,是相当重要的。

5.2　价值实现频谱的含义

商业价值的实现需要企业在与客户的对接上给予足够的重视,并投入足够的资源来搭建企业与客户之间的"接触点"。"接触点"从物理形态上来看,表现为企业的渠道和分销网络;从其内涵来看,是企业发掘和利用企业资源与社会资源的能力,包括战略的形成过程。"接触点"的完成状况,就被称为价值实现频谱[1]。

价值实现频谱与渠道的区别在于它不单单是分销网络。钱德勒在论述规模经济和范围经济时认为营销是企业一种基本的服务[2]。时下产品如脑白金、王老吉等首先就是通过营销,让顾客知道相关产品和信息,这不仅仅是企业为了销售和盈利的必要手段,更是有效的商业模式的基本职能。

价值实现频谱中企业、客户双方的"接触点"是市场。在这里,达成交易的市场不仅是一个具体的地点(注:物物交换的时代应该如此),而是一种方式及其实现,客户(指潜在客户)、企业能够完成交易的市场存在于双方都能到达的一个"接触点"上。这个"接触点"必然是以物理方式完成,或者在企业现场(企业邀请潜在客户前往),或者在客户现场(企业到客户现场去拜访),或者在市场上(企业、客户同时出现的第三方现场)。此处寻找到客户、企业双方都能到达的"接触点",在经济学上被称为信息成本。从企业的角度看,潜在的客户越快速、越容易找到这个"接触点"越好。相应地,客户到达此"接触点"的成本越低越好[3]。

案例：美的 U 净的商业模式创新

王国辉 2005 年研究生毕业后就一直在美的集团洗衣机事业部工作,在见证了集团和事业部飞速发展的同时,自己也从一名普通员工成长为大区销售经理,再到国内市场部的高级主管。2015 年 7 月,王国辉对国内洗衣机市场进行综合分析发现,几大洗衣机厂商在趋于饱和的家庭洗衣市场上寸土必争,但还没有把目光投到公共场所的自助洗衣市场。近年来移动互联网和手机支付的普及,使得线上支付、线下洗衣的 O2O 模式变为可能。这是美的洗衣机可以瞄准的一个新的细分市场,同时也符合美的集团向互联网转型的总体发展战略。

由此,王国辉开始组织团队,对这一过去不甚重视的市场进行了深入的调研。2015 年这一市场的洗衣机保有量大约为 100 万台,平均每年更新换代 20 万台左右。全国有十几家企业从事洗衣机的改装与销售,规模较大的洗衣机改装厂年销售量在 2 万台左右。这些改装厂通常采购小天鹅、海尔的低端机型或者其他更便宜品牌的洗衣机,然后用自己生产的电路板替换原机电路板,再安装投币盒子或者刷卡盒子完成简单的改装。分散在全国各地的运营商大多都是区域性的小企业,它们从改装厂购买改装洗衣机,再经过高校允许后投放到高校宿舍供大学生使用,以每次 3~5 元的价格收取学生的洗衣费用,并负责自助洗衣点的环境维护与洗衣机的维修保养。

自助洗衣市场每年 20 万台的需求量与家庭洗衣市场每年 3000 多万台的需求量相比九牛一毛,但它所覆盖的终端用户体量却十分巨大,全国 2800 多所大专及以上高校中的 4000 万大学生、2000 万住集体宿舍的工厂员工和 11180 家快捷酒店的住宿人员都是潜在的顾客人群。其中高校市场的大学生用户规模巨大、素质较高、居住集中、管理方便,因此是目前自助洗衣服务最主要的应用场所。目前市场中的自助洗衣机多数都是由低端洗衣机简单改装而来,这严重影响了终端顾客的使用体验。首先是机器不卫生,洗涤程序单一,功能有限,长久使用之后机器容易滋生细菌;其次是支付方式不便捷,目前多数自助洗衣机还都采用投币方式收取洗衣费用,学生在洗衣之前首先需要寻找或兑换硬币;最后是系统不稳定,经改装后的洗衣机不够稳定,导致机器故障频发,卡币、吞币现象频发。由此可见,现有产品已经无法满足顾客不断升级的市场需求,如果美的集团能够推出性能卓越、支付便捷的智能洗衣机,将会很容易取代那些小型改装厂成为这个市场的主要供应商。而且,通过这一产品的应用又能有效地锁定规模庞大、素质较高的大学生人群,与他们建立高频率接触、较强黏度的顾客关系,塑造美的品牌在他们心中的形象,起到提前教育潜在顾客的作用。

当王国辉把调研结果与市场前景向事业部总经理进行汇报以后,得到了领导的肯定与支持。领导授权他组织相关部门开始进行产品硬件改造与软件平台开发的工作。2016 年 3 月 31 日,随着产品改造与微信公众平台开发的完成,美的洗衣机事业部正式成立了美的 U 净自助洗衣服务项目组,王国辉担任项目组长。

"美的 U 净"针对终端用户的服务体验痛点与运营商的管理不便,为自助服务洗衣市场提供了"智能硬件＋软件平台＝智能洗衣"的解决方案。在智能硬件方面,他们针对公共洗衣环境开发出 3 款特色产品,还为每种产品都提供了 3 年质保、免费 3 年售后维修的服务。通过覆盖全国各行政区域的28000 个售后服务网点的 10 万多名售后工程师,可以保证在故障自动报修的24 小时内提供上门维修服务。在软件平台方面,"美的 U 净"开发了微信公众平台,它可以帮助终端顾客完成自助洗衣流程并实现运营商的远程管理。在终端顾客界面,顾客首先要通过"线上查询"找到距离自己最近的空闲洗衣机,然后通过"在线预约"锁定洗衣机,并在 8 分钟内到达预约地点,在此期间顾客可以启动免费的"桶自洁"功能清洗机器。最后顾客可以通过微信支付洗衣费用,洗衣类型包括小件洗、普通洗、超强洗等,洗衣服务价格由各地运营商自行确定,其中"普通洗"的全国平均价格为 3.5 元/次。当学生到达预约地点并把衣物放进洗衣机后就可以通过手机启动机器,并通过"进度查询"随时监控洗衣进度,最后在洗衣结束后会有"完成提醒"让他们取走衣物。通过运营商界面,运营商能够实时监控机器运行状态,了解不同投放地点机器的使用效率;还可以在线统计订单,随时查看自己的收入情况并转存入账;当机器出现故障时会通过系统自动报警,运营商可以联系售后服务人员提供上门维修服务。

通过市场的初步走访他们发现,国内几乎所有高校都已经为学生提供了自助洗衣服务,目前使用的设备都是没有在线支付功能的改装洗衣机,其中投币机和刷卡机各占 50% 的比重。而且这些高校多数都与第三方运营商签订了 3～5 年的长期服务协议,具体由运营商来负责洗衣机的管理和维护。有些规模较大的运营商同时负责几个学校自助洗衣点的运营,比如东北某地的运营商就管理维护 10 多所高校的 3000 多台洗衣机。业务员很难逐个联系高校并等待现有协议到期后参与新的招标,这对他们来说运营周期过长且成功概率较低。因此,找到各地的运营商并说服他们采购智能洗衣机是更有效率的市场开发途径。

美的 U 净的业务人员通过拨打校园洗衣机的维修热线、向高校后勤部门分发产品介绍与名片等方式联系到了当地的运营商。通过与运营商的接触他们发现目前运营商存在两类采购需求，一是现有洗衣机寿命到期更换的硬性需求，二是采购智能洗衣机并增加洗衣机投放密度的软性需求。首先，他们向运营商介绍了美的洗衣机的优点：第一，与传统改装机相比，美的智能洗衣机增加了纳米银离子消毒功能和"桶自洁"功能，打消学生对卫生情况的顾虑，这能让使用公共洗衣机的学生比例从 35％提高到 55％。第二，如果从传统的波轮洗衣机升级到滚筒洗衣机也让运营商有理由提高单次洗衣收费，这些都会提高运营商的收入。其次，使用改装洗衣机的运营商需要雇佣维护人员开箱收取硬币或者办理储值卡，定期检查洗衣机的故障并进行维修。美的智能洗衣机通过线上支付和远程故障监控可以减少人员雇佣、节约成本，并规避了维护人员私吞洗衣收入的风险。

与此同时，他们还针对运营商的顾虑采取了有针对性的解决措施。首先，初期接触的运营商不确定美的 U 净的真实意图，他们害怕美的直接介入高校运营并抢走他们的生意。业务员通过经常沟通建立信任，明确告知对方美的只是设备提供商，并承诺特定学校独家授权该运营商代表美的参加投标。其次，美的对运营商采取 T＋6 的资金结算方式，即所有洗衣收入都要先进入美的账户停留 6 天后再转入运营商账户，运营商担心美的会做手脚截留自己的部分收入，业务员承诺定期向运营商提供收入明细，鼓励他们匿名注册账户在某一时间付款洗衣，并把试验付款与当期收入明细对比来进行验证。最后，运营商不懂新的互联网运营模式，不愿意冒险采购新型的智能洗衣机，对于这类运营商业务员会鼓励他们先进行小批量尝试，比如内蒙古的运营商就是先在三个宿舍楼分别安装了 10 台美的、海尔和海信三个品牌的智能洗衣机，通过对比发现美的机器质量好过海信，售后服务好过海尔，最终才下定决心大批采购美的设备。

高校管理部门的决策对于美的及其运营商开拓自助洗衣市场具有决定性的影响。处于合同期内的高校，通常对于运营商主动更换性能优越、支付便捷的智能洗衣机抱有支持的态度，只有个别采用"校园一卡通"刷卡洗衣的高校要求洗衣费用必须要进到学校账户，在扣除一定比例的管理费以后再支付给运营商，他们会以"防止资金体外循环"的理由阻碍线上支付的智能洗衣机进入校园。当高校与运营商合同到期以后,高校的后勤管理部门通常要经过招标来选择下一周期的公共洗衣提供服务商,在招标时高校主要考察以下几个方面:第一是技术参数,包括洗衣机的品牌、型号、功能、特点等;第二是运营商的企业资质,包括营业范围、注册资本、行业业绩与经验等;第三是运营方案,包括机器消毒、卫生保洁、机器维护方案等;第四是施工改造方案,包括现场效果图、装修标准、基础设施建设、施工工期等;第五是售后服务,包括设备维修和学生投诉的处理方案。有些学校也会引入竞争机制,即同时确定2~3家运营商提供服务,并根据学生的反馈在每年续签服务协议时调整机器投放比例。但总体来讲,在高校自助洗衣市场中终端顾客选择品牌的话语权比较小,学生通常只能被动接受学校确定的洗衣机品牌。

高校对于运营商的日常经营也具有重要的影响。首先,高校对洗衣服务的定价具有一定的话语权,他们会要求智能洗衣机的收费标准与过去投币刷卡的洗衣机基本持平,而且还会参考本地区其他高校(特别是该地标杆性高校)来制定本校的洗衣服务收费标准。其次,各个大学的政策也决定了运营商的运营成本,高校除了要收取洗衣机的水电费外,还会向运营商收取一定的管理费。管理费的收取分为两种方式,一种是每年按照500~1500元/台的标准收取,一种是收取整体洗衣收入的10%~30%作为管理费。管理费的高低主要取决于该校后勤部门的创收压力,一般上级拨款有限、规模较小的高校收取管理费的标准较高。项目运营的过程是艰难的,由于智能洗衣机是一种新产品,很多运营商和高校都不愿成为第一个吃螃蟹的人。业务开发人员只能不厌其烦地登门拜访,一次不行两次,两次不行三次。随着时间的推移,运营商对业务人员逐渐从陌生到熟悉,从怀疑到信任,在这个过程中他们对产品的性能与优越性也越来越了解。后来开始有运营商进行小规模的试用,并逐渐扩大了采购数量与替换比例。而如果一个地区开始有高校率先采用了智能洗衣机,就会为当地市场树立标杆,这个地区后续的市场开发就会变得容易得多。比如当江苏南京的东南大学率先采用了美的智能洗衣机之后,附近的南京工业大学、南京师范大学、南京财经大学等其他高校就更容易跟进采购美的设备。

经过项目一年的运营,截至2017年4月"美的U净"项目总计销售了1.5万台智能洗衣机,营业收入2000多万元,产品的毛利率达到40%以上,并且实现了项目组的自负盈亏。目前美的 U 净智能洗衣机已累计进驻高校 170 多所，包括北京大学、东南大学、山东大学、武汉大学、四川大学等全国各地知名高校都有学生在使用美的 U 净智能洗衣机。智能洗衣机的终端用户增长至 90 万人，且随着新设备不断上线，用户数仍在持续攀升，2017 年底可以突破 200 万人。单日菜单点击次数 13 万次，点击人数 6 万人，每天有 16％的关注用户在线使用。平均每天洗衣订单有 9.5 万单，每天交易额 30 万元左右，而且随着用户数不断增长，单日交易额也在持续增长。人均月 ARPU 值（每个用户平均收入）为 13 元，即终端学生用户每月洗衣花费平均为 13 元，并且南方高校的平均花费要显著高于北方高校。

案例来源：中国管理案例共享中心《美的 U 净的商业模式创新》

在以上案例中，美的 U 净是新型业务。在互联网媒介普及且旧有业务出现成长瓶颈的情况下，美的公司把原来传统业务和新的技术环境相结合，推出了面向大学生的新型洗衣业务。

美的 U 净成功的原因之一源自"价值实现频谱"的有效构建。

美的 U 净很好地判断和理解了客户洗衣的需求。美的 U 净通过互联网的方式为客户提供服务，来满足他们的需求。类似地，当客户购买一个电钻时，实际他需要的不是电钻，而是孔。电钻只是可以打孔的方式之一。所以理解客户需求是构建价值实现频谱的第一步。

资源利用方面，美的 U 净很好地组织利用了社会上已有的能力和资源。电子支付方式为美的 U 净提供了平台条件。同时，由于市场已经成熟，因此不需要对目标用户进行培训。企业开展业务很多时候因为受条件所限而做不起来，但案例中的美的 U 净则没有这个烦恼。

产品方面，美的 U 净将原有的洗衣机进行了改装，而不是重新设计生产针对大学生的公用洗衣机。

品牌方面，美的专门新建了一个品牌，与其他产品进行区分。这减轻了商业模式创新对既有业务和品牌的风险冲击。

技术方面，美的 U 净项目的洗衣机比原来的洗衣机在付款方面做了改进，增加了消毒、节水等功能。技术条件保证了美的 U 净的优势。

渠道方面，美的公司和运营商形成了密切的联系，通过运营商进入校园市场。运营商的引入改变了整体的产业链结构，相比于国美或苏宁直接销售到学校,美的 U 净的客户是运营商,而运营商的客户或用户才是大学生。美的 U 净依靠运营商开发区域市场,把产品卖给运营商,再由运营商去打开相对封闭的高校市场。看似不大的改变却体现了商业模式设计的重要作用,即通过对"谁可以以及让谁把产品带到目标市场里去"进行了解和设计,可以极大地降低达成购买决策的难度和成本。这就如同推销教材的出版社不是直接卖书给学生,而是推销给老师或学校;药品企业不是卖给需要的患者而是首先推销给医生,在商业模式的一点点改变——价值实现频谱的构建,能够给企业带来意想不到的助力。

补充来看,娃哈哈公司和它的渠道成立合资公司,利润共享;纳爱斯虽然产品价格是外资产品的一半,但首先要保证渠道,保证代理商、经销商的利益。在此需要注意到的是,运营商不仅是进入市场的重要媒介渠道,而且很多时候只有它们才能维护企业市场体系的稳定。当然,运营商之间也有竞争,选错运营商也会影响产品的销售。

美的 U 净专门的市场人员也属于渠道的范围,因为渠道需要有人负责对接和交流,而不是交给经销商后就撒手不管了。再加上案例中提到的后勤部门和维护人员,这些人员的层层把控才能保证产品顺利进入高校市场,最终到达终端客户的手中。由此,渠道并不是简单直线推进的,也就是价值实现频谱是一个构建的过程。

另外,高校管理部门的决策也会影响价值实现频谱,影响产品的进入。此案例中,在为公共洗衣服务招商时,各大高校的要求和门槛在最初就把很多小企业排除在外。

美的 U 净在进入市场的过程中,经历的环节包括"运营商、学校、维护人员、学生",表面看这个市场很直接,实际上很曲折。因为渠道经历了多个环节,比想象的复杂。对于企业,一旦价值实现频谱构建起来,就是一种优势。否则,就是一道很难翻越的壁垒。

5.3 价值实现频谱的类型

价值实现频谱可以分为专家型、专业型和社会型三类。三者的基本衡量标准是产品(和服务)知识的标准化和客户应用难易程度[4]。详细地,是指产品/服务正常应用所需要的知识技能的表现方式，即产品/服务的界面知识的成型化、可传授性与所面向的客户/用户的已有知识技能的匹配性。在方向上，则是提供商产品/服务知识去匹配客户，因此在区分专家型、专业型和社会型的时候，意味着越容易获取的外部资源(指用户、社会服务基础等)，越容易形成三种类型的频谱区隔。

企业从专家型到专业型再到社会型的价值实现频谱的形成，不是一个直接可达的过程，这取决于企业对于客户服务的履行所需要的相关产品知识的标准化程度和客户应用产品的难易程度。站在提供商的视角，可以给出专家型(Ex)、专业型(Sp)、社会型(So)频谱[5]的示意表达矩阵及区分(图 5-1，图 5-2)。并且在专家型、专业型和社会型频谱之间存在着部分重叠。

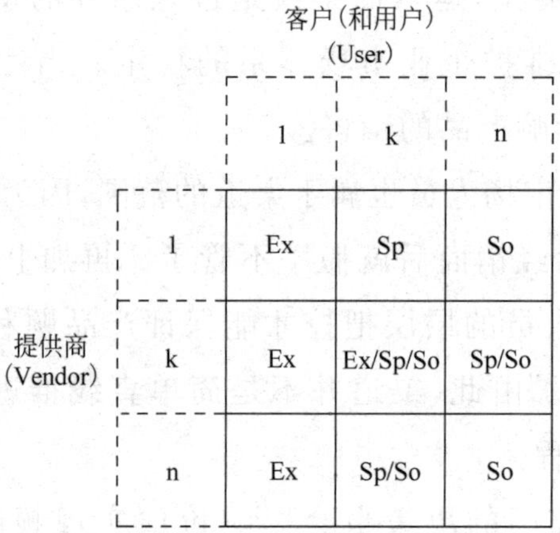

客户(和用户)
(User)
1
k
n
提供商
(Vendor)
1
Ex
Sp
So
k
Ex
Ex/Sp/So
Sp/So
n
Ex
Sp/So
So

图 5-1　价值实现频谱矩阵：V-U 的"接触点"形式(来源：文献[5])

提供商
客户(和用户)
专家型
专业型
社会型
1→1
k→1
n→1
1→k
1→n
k→k
k→n
n→k
n→n
(1<k<n)

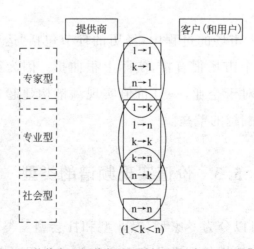

图 5-2　价值实现频谱类型区隔与重叠(来源：文献[5])

图 5-1 中,k 在提供商一方,是指提供商的专业人员数量;k 在客户(和用户)一方,是指市场上客户(和用户)的数量。

由此,得到:

专家型价值实现频谱,是指多对一的状况;1→1;k→1;n→1;1→k。

专业型价值实现频谱,是指一对多的状况;1→k;1→n;k→k;k→n。

社会型价值实现频谱,是指多对多的状况。k→k;k→n;n→n。

从价值实现频谱的构造来看,企业一方面需要在建设物理渠道和分销网络上努力,另一方面需要在发掘和利用企业资源和社会资源上努力。前者主要表现为企业分销网络的发展和扩张战略,包括发展代理、自建渠道、借用渠道、合用渠道等方式。后者则主要表现在企业依赖组织能力和改造组织能力方面,依靠营销来识别社会认知资源,依靠组织能力来治理和维护分销网络,依靠社会学习来升级价值实现频谱。在识别社会认知资源方面,主要的手段是依靠营销,有效地传达企业的产品(和服务)知识,让潜在的客户群体较容易地认可产品,为成功销售创造条件。而在组织能力的利用和改造方面,则是持续地提升企业发展、维护和升级逐渐庞大的分销网络及其与企业研发生产部门协同的技能。综合起来具体表现为企业逐步提升的"接触点"构造组成的改变,从初创企业的依靠产品专家为主的"接触点"构造模式——专家型价值实现频谱,逐渐演变为依靠培养、吸引和改造一大批专业人员而组成的专业型价值实现频谱,甚至发展至更高阶段的依靠社会资源而组成的社会型价值实现频谱[6]。

随着企业的成长,从形式上看,价值实现频谱是企业利用和组织资源的能力逐渐加强而引起了劳动分工的发生,从而建立起专业化的队伍负责企业与客户间的"接触点"搭建,甚至可以组织和利用更广泛的社会认知资源,建立起更广阔的市场,发展成为社会型频谱。在内涵上,价值实现频谱则是随着企业的成长逐步从以命令控制为主要协调机制的组织演变为由内部命令控制和外部不可控集体混合而成的集体行动体系。也就是,价值实现频谱越是走向专业型和社会型,其非命令式集体行动的内在逻辑要求越高。企业越是走向大规模的专业型频谱和社会型频谱,企业自身所能提供的满足市场需求的"价值实现系统"就越具有公共物品的特性,每一个新加入的来自企业外的个体(组织或者个人)都会直接受益于或者贡献于企业已经建立起来的商业生态系统,从而使得企业的价值实现频谱的构造越来越具有了集体行动的特性[7]。

在"美的 U 净"的案例中,企业所提供的产品和服务相对标准化,用户(即学生)使用容易,而客户(即运营商)却不一样,对新模式的了解、接受和认可参与需要经过一段困难的过程,这就需要企业进行有意的帮助、引导和市场教育。市场教育的切入点往往是专家型的价值实现频谱,也就是指提供商和客户之间是一对一的交易关系。比如复杂软件系统的初始推广,需要一对一地进行服务培训。逐渐地,企业会过渡到专业型,如美的 U 净,从各地寻找运营商和大学。

从专家型过渡到专业型的挑战有两方面,一是企业没有能力拓展大量渠道,二是业务没有办法支撑大体量渠道。这导致企业在专家型价值实现频谱上止步不前,典型的例子是小型餐饮店,它们难以转型成连锁店,根源就在于产品不标准且不易复制,这阻碍了渠道和业务体量的扩大。

价值实现频谱通过集体行动,充分挖掘和利用社会资源,构建了企业的市场进入门槛和市场占领战略,也是企业学习能力和持续构建组织能力的重要反映。价值实现频谱的建立,本身就是一个学习的过程、组织能力构建的过程、组织能力构建方向的关键战略决策过程,以及不断地选择频谱的形态和方向的过程。频谱是企业树立进入障碍的有效战略。企业自己的频谱,特别是专业化和社会化频谱一旦形成,就会成为竞争对手的进入障碍,这也是企业从一种规模移动到另一种规模的优势[8]。

比如,微软的文字处理软件 Word,比较明显地处于一种社会型价值实现频谱的状态,这是经历了相关产品如 Word Star、Lotus1-2-3、WangWord、金山 WPS 等软件的初始推广应用和教育市场,以及微软自己的持续产品开发和有效的市场营销、相关软件教材的推广、大量职业技能培训班的培训、整个社会掀起电脑学习浪潮后,才建立起了广泛的用户基础。以至于微软的文字处理软件成了几乎每个学习电脑应用的入门基础和事实上的行业和社会标准,从而极大地降低了后来学习者的学习成本。这包括:几乎不用选择其他的竞争软件、几乎随处可以请教的有经验的微软文字处理软件应用者、很容易购买到学习指南图书、网络上很容易搜索到的免费的高级应用指南等。

由此可见,微软公司发展到如今,不需要耗费时间精力就可以达到用户量的自然增长。这就是社会型价值实现频谱的巨大威力,也是对微软数十年不断发展和构建价值实现频谱的现实回报。向前追溯微软构建价值实现频谱的整体历程,在创新扩散方面相关的基本概念是"关键多数",当产品用户数量越过这个数量门槛,就会呈现爆发式增长。而很多企业无法达到该门槛,因此就无法做到社会型频谱。

5.4　价值实现频谱的构建

5.4.1　频谱的表现方式

频谱或者渠道的表现形式中,第一是个人,个人是一种很好的渠道。很多人第一次用微信时大都是别人推荐,这里注意需与口碑区分开,因为如果不用微信,就很难和别人无线式聊天沟通。第二是店面,包括实体的和虚拟的店面。第三是网络,网络具有双重功能,第一个功能是沟通、传播信息,第二个功能是达成实际交易的渠道。第四是媒体,包括报纸、广播、电视、收音机、互联网等。

上述这些渠道或者频谱在能力导向上还可以分为不同的类型。一个是交易型,单纯传达信息,没有过多服务,如超市。与其相对应的另一个是关系型。比如美的 U 净在渠道建设过程中需要很多沟通管理服务,复杂软件需要配套很多咨询服务。对于此类产品,纯粹的交易解决不了问题,它需要企业有很强的能力,不仅是把产品信息准确告诉客户,还需要与客户联系沟通,提供相应的服务以及及时维护。渠道的以上两种分类主要和产品类型或特征有关。

营销里所提到的 4Ps(产品、价格、渠道、促销),里面很重要的就是渠道与产品的匹配。卖矿泉水的小摊同时卖电话卡是可能的,但同时也卖软件就很难。渠道本身或渠道的能力,是企业的一项重要资产。

再比如,用友公司在做 ERP 管理软件的时候存在一个很大的挑战,客户很多但产品咨询顾问短缺,这会导致企业无法顾及每个客户的软件安装培训等服务。因此公司创办了一个"黄埔军校",专门培养了几百人的 ERP 顾问,即使这样对于全国客户来说顾问还是不够用。因为 ERP 项目实施服务周期长，短则 3～6 个月，长则一两年。由此，在企业成长的过程中，频谱建设的能力、渠道的能力容易跟不上产品的生产能力。

所以，价值实现频谱的构建存在两个挑战：第一是渠道服务、渠道建设能力跟不上；第二是没有客户知道企业能提供这个产品，厂家也不知道在哪儿会有客户。

5.4.2　频谱的作用

渠道或者频谱可以发挥四个作用：观念领导者（或意见领袖）作用、看门人（过滤器）作用、代理作用以及联络人作用。

其实，早在罗杰斯[9]（Rogers）研究创新扩散的时候，就发现了美国的农业机械推广普及问题。为什么有的人喜欢使用新型农业机械，而有的人不喜欢使用？如同现在的新能源汽车，有人接受得比较慢，有人接受得比较快。这是什么原因导致的呢？罗杰斯就提到了观念领导者的作用，认为观念领导者很重要，有时候发挥举足轻重的作用。

频谱能够发挥看门人或者过滤器的作用，是因为一些信息在频谱环节就被筛选掉了。也就是，不是所有的市场信息都会传达到全员或到研发，很大的可能是经过频谱过滤的信息或者有选择性的信息才会反馈到企业内部。这样频谱既是联络企业内外的必需，也是应对市场的反应机制。

5.4.3　频谱的结构

渠道或者频谱的结构可以分为三类。

第一类是线型。直线延伸，是企业最容易采取的最简单的一种结构。

第二类是瀑布型。一级一级往下衍生，如传统的销售公司形成的总代理制，再分为省级代理、大区代理直到零售店这样的结构。一般是按照地域市场划分的。

第三类是网络型。网络型结构还可以进一步划分为相互锁定和放射型两类。相互锁定可以理解成五角星形状，各个部分相互关联，这种结构相对来说比较稳定。美的 U 净里的经销商、市场人员、运营商、运营部门、后勤、用户之间就属于相互关联的网络型结构。放射型是从一个点出发，延伸出不同的线,这种方式的好处是比较简单,但是不容易把各部分进行锁定。新兴互联网 B2C 公司就属于网络型结构。比如,一个来自山东省的客户在京东网站上买东西,另一个来自山西省的客户也在京东上买同样的东西,这个时候产品的仓库可以理想地设计在两地的中间地段如北京,选择从北京向两地发货。而在传统的瀑布型渠道下,山东、山西的客户购买商品需要找到当地的经销商,在当地仓库取货。

5.4.4　频谱的构建

渠道结构的构建方式会影响企业的运营效率,涉及利益相关者如何被绑定。如微信属于网络型结构,用户之间形成彼此连接、相互锁定的网络,这种结构是最稳固的。网络型的关键是以一种什么样的方式把利益相关者维系起来。美的 U 净靠的是利益,而微信、微软依靠的是需求。另外,单纯地依靠物理连接也是一种维系方式,如安装在各家各户的自来水管道。

案例:苏宁易购的新零售转型之路

回顾苏宁 29 年的风雨历程,公司历经了四个重要的发展阶段:

第一阶段(1990—1999 年):空调经销快速发展。公司成立之初经营单品牌的春兰空调,随后拓展到多个空调品牌。经过 3 年努力,苏宁组建了 300 人的精锐之师,发展了 4000 多家批发客户,形成了颠覆中国大部分区域的空调分销网络。在 1996 年公司批发零售额达到 15 亿元,规模初具。

第二阶段(1999—2012 年):电器帝国形成。1999 年末,苏宁进行了“壮士割腕”般的战略决策,砍掉年销售额达几十亿的批发生意,在南京新街口开办了当时中国单店营业面积最大的综合电器店,全面导入连锁经营模式。随后苏宁快速发展,通过“租、购、建、并”在全国快速扩张,从一线城市到四线城市,共开设了 1700 家实体店。

第三阶段(2012—2016 年):全渠道零售变革。从 2009 年开始,实体零售在电商的剧烈冲击下经营状况直转急下,苏宁在激流之中进行了又一次自我革命。2009 年开始积极拥抱互联网,上线苏宁易购,提出了“科技转型、智慧服务”的新十年发展战略。2012 年,苏宁正式提出“去电器化”的线上线下融合模式。

第四阶段(2016年至今):智慧零售布局。苏宁旗下苏宁易购跻身世界500强企业,苏宁创造性地提出"智慧零售"概念并迅速展开相关布局。目前,苏宁各类型的智慧门店正在全国各地极速落地,形成了"两大(苏宁广场、苏宁易购广场)、一小(苏宁小店)、多专(苏宁易购云店、红孩子、苏鲜生、苏宁体育、苏宁影城、苏宁极物、苏宁易购县镇店、苏宁易购汽车超市)"的智慧零售产品族群,不断刷新消费者的购物体验。2016年8月,全国工商联发布"2016中国民营企业500强"榜单,苏宁控股以3502.88亿元的年营业收入名列第二。

2004—2011年,可以说是苏宁最辉煌的8年。在全国连锁扩张的过程中,苏宁坚持稳扎稳打的方针,虽然扩张迅速,但注重治理平台建设,一如既往地关注服务质量。苏宁每到一个城市,一般只布下一个点,然后转身去搭建治理后台,直到平台完成到足够支撑运营之后,才会继续在同区域开店。而与之相对,苏宁最大的竞争对手——国美则力图以最快速度抢占市场份额,往往还未站稳就抢跑,然后才逐步调整其运营和后台建设。得益于良好的服务质量,2009年,苏宁电器全面超越国美电器,成为中国家电连锁第一品牌。

俗话说"福兮祸之所伏",打败国美的喜悦并未持续多久,互联网时代滚滚而来,国内网络零售开始以惊人的速度蓬勃发展,苏宁迎来了自创立以来的最大挑战。2008年6月,京东悄然上线电视、空调、冰洗等大家电产品线,完成了3C产品的全线搭建。苏宁迎来了新的竞争对手,这次不再是知根知底的老对头,而是拥有全新武器和打法的快枪手。与此同时,苏宁线下连锁网点的布局也遇到瓶颈,几大家电连锁巨头通过十几年的发展,对一二级市场的家电销售已经形成了垄断态势。但随着一二线城市市场的饱和,家电连锁行业发展呈现趋缓态势。而较为偏远的三四级市场,由于区域原因和历史原因,市场多被区域小型家电连锁商和百货商场所控制,且由于偏远地区经济发展问题,在此布局连锁效益也不高。至2012年,苏宁电器结束了二次创业以来的两位数高速增长态势,净利润也掉头直下,为十几年来首次下滑。

事实上,苏宁电器并非对互联网后知后觉。早在1999年,苏宁电器就开始电子商务的研究,并于2005年组建B2C部门,开始属于自己的电子商务尝试。2005 年苏宁网上商城一期面世,但销售区域仅限南京,2006 年扩展到上海、北京等大中城市。2007 年,苏宁网上商城三期上线,销售覆盖全国并且拥有了单独的线上服务流程。但电子商务初期发展对苏宁影响尚不够直接,因为电商最先进入的是电脑和手机领域,此时市场主要由电脑手机专卖场垄断,在家电连锁和电商的夹击下,电脑手机卖场首当其冲,作为家电连锁零售商,苏宁在此过程中为受益方。因此,苏宁对电商并未抱有足够重视,直至电商侵入家电市场,开始对苏宁的业务产生巨大冲击。

直至 2010 年 2 月,苏宁电器网上商城才正式改版升级为苏宁易购,而此时已是京东完成 3C 布局后的第二年。同年 3 月,京东推出"211 限时达"极速配送,引领并建立了中国 B2C 行业的全新标准,树立起家电网络零售第一品牌的形象。苏宁网上零售业务已全面落后于京东。2012 年 8 月,京东商城 CEO 刘强东在其微博上高调宣布:"京东大家电三年内零毛利,京东所有大家电保证比国美、苏宁连锁店便宜至少 10% 以上。"此言一出,立刻引爆家电领域的价格大战。苏宁易购执行副总裁李斌随后通过微博称,苏宁易购包括家电在内的所有产品价格必然低于京东。国美副总裁何阳青则向搜狐财经发布回应称,国美从不回避任何形式的价格战,国美电器网上商城全线商品价格将比京东商城低 5%。苏宁、京东和国美上演了一场"三国争霸战"。虽然事实证明三方均未完成承诺,但京东却成了此次价格战的赢家。从三方公布的财务分析数据来看,京东 2012 年销售毛利率不降反升。毛利率真正下降的只有苏宁,2012、2013 两年连续大幅下滑(-6.2%、-14.4%),勉强维持了营业收入的增长。

经此一役,网络零售优越性展现无遗,苏宁遭遇线上争锋第一次失败。价格战后,苏宁高层集体反思,作为拥有庞大线下零售网络的全国性连锁企业,一味向互联网转型是行不通的。如果完全复制京东的发展模式,苏宁势必要舍弃前期构建的零售网络,这将使苏宁损失大批优质资产。与此同时,电商经过多年发展也进入分化期,传统 B2C 模式虽然使消费更加方便快捷,但也使消费丧失了配套服务、消费体验等带来的快感,成为困扰电商的一大难题。如何利用苏宁在线下的优质资产,同时融合线上零售优势,走出一条适合自身发展特征的转型之路,是摆在苏宁面前的首要问题。历经几次调研和多轮高层探讨,苏宁最终确定了其互联网零售战略——"一体两翼三云四端",运营模式开始从全国零售连锁向线上线下融合发展的 O2O 模式转型。

所谓"一体",就是要坚守零售本质。互联网始终是个工具,不管零售业态怎么变、渠道怎么变,苏宁始终坚守顾客服务、商品经营的零售本质。所谓"两翼",就是打造线上线下两大开放平台。线上是苏宁云平台,向全社会开放企业前后台资源,建立品牌商品与品质流量的良性互动;线下是苏宁云店,围绕本地生活全面开放,集展示、体验、服务、引流、销售于一体,营造城市生活的空间、顾客服务的场景。所谓"三云",就是围绕零售本质,把零售企业的"商品、信息和资金"这三大核心资源社会化、市场化,建立面向供应商和消费者以及社会合作伙伴开放的物流云、数据云和金融云。所谓"四端",就是围绕线上线下两翼平台,因时因地因人,融合布局 POS 端、PC 端、移动端、电视端,通过四端协同实现无处不在的一站式服务体验。

苏宁战略转型第一步就是扩展产品线,提高客户流量和黏性。2012 年 9 月,苏宁宣布收购母婴电商品牌"红孩子",扩展产品品类,开始探索去家电化运营。2014 年,苏宁明确提出"巩固家电、凸显 3C、培育母婴超市"的全品类发展战略。苏宁全面推进线上线下融合的 O2O 模式,同时打破消费者"网上购物就一定便宜"的固化观念,实现增加门店和线上销售的成交概率,扩大销售规模。2013 年 6 月,苏宁全国范围内所有苏宁门店、乐购仕门店销售的所有商品与苏宁易购实现同品同价。苏宁在业内率先推出了 O2O 标准,即"商品统一、价格统一、促销统一、支付统一、服务统一"。为配合公司战略转型,苏宁逐渐推进门店互联网化运营,推进 O2O 模式落地。措施包括打通线上线下订单、支付、服务等基本购物环节,提升用户体验,实现线上线下的完全融合,加大移动端在门店的应用等。

案例来源:中国管理案例共享中心《苏宁电器:压力转型 O2O,全面布局大消费》《价值的创造与实现:苏宁易购的新零售转型之路》

在上面的案例里,该公司前期受到的巨大冲击和后期的成功转型的关键都在于网络型的渠道结构。

2007 年始,苏宁公司没有很好地理解网络购物到底是什么,它面临的最大问题是不知道如何处理线上渠道,犹豫要不要进入。到 2010 年,苏宁在线上做了重要的战略布局,坚定要做网上零售业务,紧抓网络这个重要渠道。在当时,基本的情形是网络购物的出现大大冲击了实体店面。比如服装店,一个小店能够同时展示的服装数量、款式有限,新品上货速度和更新也慢,而在网络上商家可以同时向顾客展示几千几万件衣服。并且越是标准化的产品,在线下售卖就越没有竞争优势,因为它不需要或者只需要很少的服务。比如对于义乌小商品市场来说,网络购物的兴起使得原来世界各地需要跑到义乌当地线下订货的厂商,现在在互联网上就可以完成。由此,网络购物影响的不单单是一个产业的转变,消费行为也会随之发生转变。

上面的案例中,到 2016 年,苏宁放弃纯电商模式,开始向 O2O 模式转型,做全品类、全渠道。建立苏宁超市、苏宁小店,利用社会资源,利用范围经济做全品类经营。

在与国美公司、京东公司竞争的过程中,苏宁最大的挑战不是卖什么,而是原来的优势能否保持得住。一开始是犹豫,因为已经有现成的物理渠道。实际上随着时间的推移,苏宁原有的物理渠道优势在互联网渠道面前就变成了劣势。实体店需要租金,门面的维护需要大量成本,而开网店成本则低得多。同样地,现在我们很难想象一项业务没有配套的主页网站。原来,网站是用于宣传的,而现在,网站是一个交易的工具平台。

苏宁和美的 U 净两个案例都是因为技术条件引起了频谱的改变,两者不同的渠道结构和产品特点有关,还和频谱本身的特质有关。因此,在商业模式里,频谱的改变会引起业务本身的变化。

频谱的构建方式有四种,分别是自我积累、借用、复用和并购。上文的案例中,美的 U 净是借用,苏宁是自我积累,国美收购大中属于并购。同时,苏宁不仅卖电器,还在同一个渠道卖其他产品,也可以算作复用。

频谱的构建战略有三类,分别是渐进、激进和在过程中寻找机会。其中,苏宁属于渐进,京东相对激进。频谱的选择与构建战略可以很好地体现领导者的素养与判断能力。关键决策者与高管决策者对社会趋势的判断,以及执行过程中意志是否坚定都会影响到企业的成长发展。

价值实现频谱的创新有两种方式。一种是传统的依靠人力,如快餐麦当劳、肯德基的门店扩展,娃哈哈公司的层级渠道招募代理。还有一种是新技术的驱动,如依靠电信、互联网等。这样,生产方式的转变影响了频谱创新方式的转变。

5.5　双向搜寻：价值实现频谱的本质

在频谱构建的过程中,我们要解决的是企业与客户的双向搜寻问题。也就是,企业和客户都需要掌握和引导主动权。

之所以需要客户和提供商间联络联通,是因为联络可以传递信息,增加客户的黏性,双方形成很好的沟通反馈过程。在此,联络的媒介包括网站、广播、报纸等。我们会发现有的企业有很好的网站但浏览量很低,产品信息无法发送给客户。因为信息发送是需要成本的,很多企业负担不起。

反之,企业的频谱构建也会受到客户的影响。以微信为例,相互的沟通关系网络影响到微信产品的发展。此时客户占据主导地位,将会影响到微信的频谱走向。因此,在新兴技术或者在互联网普及渗透的情况下,我们要考虑客户本身也会掌握主动权,而不是仅有提供商一方在发力。

总之,商业智慧的根本在于组织和动员[10],企业都在争取把价值实现频谱往社会型转移,增加渗透率。同时组织能力、管理能力也需要配套跟上。微软、阿里、腾讯等世界级规模的企业,它们的价值实现频谱类型都是往社会型方向走。当产品做得越来越标准时,企业的生产能力便可以理解成无限的。

5.6　本章小结

1. 本章主要内容

(1) 商业价值的实现,需要在客户(U)—企业(V)之间完成交换和建立"接触点"。认知上的对接,是认知一致性;物理上的对接,是价值实现频谱。

(2) 价值实现频谱不仅包括渠道,还包括营销,以及对于企业外围社会资源的判断和利用。

(3) 价值实现频谱中,企业、客户双方的"接触点"是市场。

(4) 价值实现频谱可以分为专家型、专业型和社会型三类。区分的基本衡量标准是"产品(和服务)知识的标准化和客户应用难易程度"。

(5) 频谱的本质是双向搜寻,即企业和客户都需要掌握和引导主动权。

本章内容结构,如图 5-3 所示。

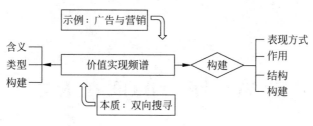

图 5-3 "价值实现频谱"的内容结构

2. 启发思考题

（1）世界级成功企业的价值实现频谱有哪些特征？它们的频谱演变有何特点和趋势？

（2）为什么需要客户和提供商间的价值实现频谱或联络通道？其具体表现形式会有哪些？

（3）提供商如何培育和发展联络通道？

（4）客户如何发掘和发展联络通道？

（5）客户和提供商如何共同开发联络通道？

5.7 参考文献与注释

[1] 顾元勋 著（2014）.拉得上的手：商业模式设计的逻辑.北京：清华大学出版社.P.75.

[2] Chandler，A. D.，Jr.（1990）. Scale and Scope：The Dynamics of Industrial Capitalism. Cambridge，MA：The Belknap Press of Harvard University Press.

[3] 顾元勋 著（2014）.P.72.

[4] 顾元勋 著（2014）.P.77.

[5] 顾元勋 著（2014）.P.83-84.

[6] 顾元勋 著（2014）.P.76.

[7] 顾元勋 著（2014）.P.81.

[8] 顾元勋 著（2014）.P.84-85.

[9] Rogers，E. M.（2003）. Diffusion of Innovations（Fifth Edition）. New York，NY：The Free Press.

[10] 顾元勋 著（2014）.阅读企业：商业智慧是如何炼成的.北京：清华大学出版社.

[11] 案例来源：宋晓兵，张一帆.2017-07-23.《美的 U 净的商业模式创新》.中国管理案例共享中心.

[12] 案例来源：王崇锋，于丽萍.2019-06-20.《价值的创造与实现：苏宁易购的新零售转型之路》.中国管理案例共享中心.

[13] 案例来源：罗彪、郎楠楠、方文培.2017-03-15.《苏宁电器：压力转型 O2O，全面布局大消费》.中国管理案例共享中心.

第 6 章

产品—服务的依存关系

前面的章节讨论了两个关键的问题：一是站在企业的立场上需要有真正的客户，即认知一致性；二是客户和企业双方要能互相找得到，需要有价值实现频谱。那么，客户是不是越多越好呢？企业面对客户的处理能力是有限的还是无限的？其实，企业的处理能力和企业特定的产品与服务形式有关系。比如餐馆会受到空间和员工数量的限制，这决定了其无法具备超强的处理能力和生产能力，接纳不了足够多的顾客，所以经常会有顾客排队的情况。相对而言，信息产品的服务，如微信的处理能力几乎是无限的。产品与服务是企业提供给目标市场的基本内容，产品与服务间的关系是决定企业满足客户需要方式的基本战略选择。本章将阐述产品与服务的内涵，以及二者之间的依存关系。

6.1　如何理解产品与服务

产品与服务是企业提供给目标市场的基本内容，产品可划分为三个嵌套的层次[1]，从内到外分别是核心利益层——客户为什么购买，也就是产品的价值体现；实际产品层——通过什么具体的方式来实现这些价值，如设计、质量、功能、特征、包装、品牌；扩充产品层——提供额外的客户服务和利益，如交付与信用贷款、质保、安装、售后服务。其中，实际产品是满足客户需求的基础价值载体，如果脱离这个基础的价值载体，客户需求也就缺乏实现的基础手段。在更好地满足客户期望时，虽然产品划分了不同的层次，但是一个根本性的共同点是，在实际产品之上的扩充是企业的附加提供，并且这种附加提供对于企业而言是有选择空间的。

比如，手机的基本功能是通信，在此基础上拓展了音乐播放、视频播放、游戏等功能。携程公司最初的业务是帮助客户订酒店住宿，现在拓展到包含订票、餐饮、旅游规划等业务。360 杀毒软件最基本的是保证安全,然后在这个基础上有很多衍生,比如硬盘清理、文件扫描、程序管理等。像 360 提供互联网软件产品,以及携程做互联网服务,它们共同的地方在于产品和服务都可以分成两种:基础提供和附加提供。

由此,企业的市场提供不是一个固定的内容,而是存在着基础提供(the fundamental offerings)与附加提供(the attached offerings)的分离,正是这种分离为企业的经营设计提供了创新的空间。本书把基础提供称为产品(product),附加提供称为服务(service),二者的总和称为企业提供(the firm offerings)。产品提供了满足用户需求的功能。服务是在企业经营过程中,与产品对等的存在,其目的是实现、保持或者提升产品的价值。因此,本书在此把产品和服务的关系界定在基础提供与附加提供连体共存的情境之中。企业的市场提供无论是纯粹的有形产品形态(如汽车、计算机),还是纯粹的无形产品形态(如软件、咨询),我们都认为这个市场提供包含了产品和服务两个基本组成部分。此时需要关注的不是产品或者服务的形态,而是产品与服务间的依存关系[2]。

案例:用友公司产品创新与渠道开拓比翼双飞

用友网络科技股份有限公司(以下简称用友)诞生于 1988 年,是领先的综合型、融合化、生态式的企业服务提供商。在中国财务软件市场上,自 1991 年以来用友公司连续 18 年位居中国市场占有率第一名;在 ERP/管理软件市场上,自 2003 年以来用友连续 15 年位居中国市场占有率第一名。而今,用友公司已经战略转型到云服务产品和生态共荣的发展阶段。

1. 初心:用户之友(财务软件阶段,1988—1997 年)

1988 年 12 月 6 日,用友公司在北京市海淀区中关村成立。从公司初创开始,用友就成立了开发部和培训部,确定了以产品和渠道为重的企业发展路线。

产品方面,用友最早瞄准财务软件市场,于 1989 年推出了第一代应用DOS 系统的商业化财务软件。账务处理系统包括了总账管理、往来账管理、通用转账、项目管理、银行对账、财务分析、系统管理 7 大子系统。

用友之所以能成为"用户之友",除了优质的产品外,还在于优质的服务。

针对财会人员普遍缺乏计算机基础知识的现状,公司于1992年在北京西郊搭建了当时国内同业规模最大的专门的培训基地。培训内容除财务软件系统的操作使用外,还讲解相关的计算机基础知识、dBASE数据库和会计原理等方面的知识。用友公司积极支持代理单位与各地财政部门合作,目前已在安徽芜湖、四川成都及广西梧州等地建立起会计电算化培训中心,向社会各界普及会计电算化的基本知识和用友软件的操作方法。另外,于1991年,用友公司成立了国内第一家财务软件用户协会,进一步加强了对用户的服务与支持及用户之间的交流与合作。用户协会创办的《电子财务技术应用》内刊,每期发行2500册,深受财务人员欢迎。

1992年,用友推出基于局域网的网络版财务软件(V5.0 For DOS),其所研发的财务软件产品的功能也从基本的账务核算和报表编制延伸到成本核算、固定资产核算、材料核算等所有的财务核算领域。这一时期内,会计电算化已经在中国国内普及并迅速发展。财务软件从简单的核算软件发展为以管理为目的、通过核算实现财务管理的软件。该阶段是核算型软件向管理软件发展的过渡时期,此阶段的财务软件功能包括财务处理、报表处理、工资核算、固定资产管理、材料核算、成本核算、销售核算、存货核算等模块,服务层级正在从部门级转向企业级,而产品的本质目的也正在转向提高企业管理水平与经济效益。

1996年,用友抓住企业对管理软件的需求推出第三代产品——"管理型财务软件"(V6.0 For DOS),将财务软件的功能延伸到了管理会计、成本会计、财务分析、财务预算等更深层次;并开始启动企业管理软件的开发,引导中国财务软件从核算型走向管理型。1997年3月,用友抓住平台迁移的机会,率先推出Windows 95/NT版管理型财务软件,把中国财务软件带入了32位时代。用友的32位管理型财务软件包括以下15子系统:集成账务处理系统、UFO电子表软件、远程数据处理系统、财务分析系统、领导查询系统、集成材料管理系统、产成品管理系统、销售管理系统、应收账款管理系统、商贸管理系统、商业进销存系统、工资管理系统、固定资产管理系统、库存商品管理系统、企业税务申报纳税系统。1997年用友正式开始向管理软件战略转型,并着手研发公司的第一款ERP软件,即用友U8。

考虑到财务软件的专业特性——计算机应用技能和财务技能的双重需

要,从公司初创开始,用友就极其重视渠道实施产品的能力,创立之初主要需要的是市场普及、销售与售后服务能力。公司通过教育培训、建设渠道网络、强化服务等措施努力提升用友产品售后服务保障能力。为了增强维护力量,还专门成立了维护部,开通了多部用户热线咨询电话,对北京及周边地区提供 24 小时上门服务。在用户量急剧增加的情况下,为把服务做得更细,用友公司在服务机制和服务方式上进行了新的探索和尝试,建立了二级服务的新体系。即总公司设专门机构对分公司和代理商进行培训、监督和技术支持,由分公司和代理商负责对各地的用户就近提供直接的售后服务。1993 年初,还在全国各地建立了 40 个授权技术支持中心和 10 个授权培训中心,努力使用友产品售后服务保障能力得以进一步增强。同时,用友不断提升服务的标准化。1997 年,用友明确了一系列的售后服务办法,由集团公司、所属子公司、各级代理、客户服务中心等严格执行,并接受用户和中国软件行业协会财务及企业管理软件分会的监督。

2. 大道:面朝客户(管理软件阶段,1998—2010 年)

1998 年 8 月,用友 U8 上市,迎来了用友的管理软件时代。2000 年,自行开发软件、购买套装软件两种离线应用方式已经无法满足我国中小企业的运营和管理需求。4 月,用友投资组建 ASP(Application Service Provider,应用服务提供商),进军网络服务产业,为中国为数 700 万的中小企业提供企业运营及管理方面的在线软件租用服务。2000 年以来,跟软件配套的服务在营业结构中的比例越来越高,增值服务越来越重要。更重要的是,ASP 业务提供的服务与用友之前提供的服务有本质不同。用友之前提供的售后、维修以及培训服务都是依托于硬件与软件产品的销售,而 ASP 提供的服务是原来软件与服务的整合,服务本身就是产品。ASP 无疑为用友打开了新市场,成为用友日后进行变产品为服务、建立以"服务"为企业第二核心竞争力的全面战略升级的起点。

渠道方面,用友延续财务软件与产品阶段的渠道策略,以市场普及、销售与售后服务为目标,通过教育培训、建设渠道网络、强化服务等措施努力提升用友产品售后服务保障能力。

除了产品、渠道,与产品相对应的服务也逐步走向标准化。1998 年之前,用友没有完全实施收费服务,随着用户数量的增加和服务质量的提高,免费服务大大提升了用友公司的成本。1998年用友开始倡导有偿服务,主要做培训和维护。

随着U8产品的持续发展,产品覆盖度越来越广,从财务软件向管理软件转型的格局业已形成。并且,在U8产品的基础上陆续加入了分销系统、生产制造模块、行业插件以及一些相关技术如BI(商业智能)、EP(企业门户)。到2002年,U8已经拥有医疗、零售、非银行金融业、房地产等覆盖十来个行业的解决方案。U8不仅是一个ERP软件,更是一套完整的电子商务解决方案。

用友所提供的行业解决方案模式需要专业化的销售人员和实施顾问,需要产品与售前、销售、实施交付和咨询服务平台的紧密合作,其产品竞争力在于增值服务。而用友此前销售财务软件和ERP产品,都是采用产品销售的方式,没有成体系的售前支持。因此加强售前支持、提升服务能力成为当务之急。用友自2001年开始,总结自己多年来在企业ERP领域的实施经验,同时与国内著名ERP专家、教授等进行合作,启动8个ERP人才工程项目:ERP咨询实施顾问班、院校企业信息化课程和课件建设、ERP实验室建设、企业信息化高级研修班、院校ERP师资培训、面向用户的操作普及培训、院校专家交流平台建设、ERP认证体系建设等。2003年,用友推行售前工程,包括:成立企业大客户部负责组建专业的售前团队、建立ERP行业解决方案中心、制定售前团队管理办法、建立认证与集中培训制度、在公司内部举办售前支持培训班。

3. 本源:生态共荣(云服务与软件阶段,2011年至今)

2007—2008年用友开始做SaaS(Software as a Service),SaaS也是一种云计算模式。2011年,用友发布"用友3+1世界级产品"新版,进一步丰富了行业解决方案,成为用友云战略产品应用落地之举。此后,ERP-NC取得突破性进展,用友发布第三代UFIDA-NCV6.0产品,为大型多集团企业提供面向国际化的领先IT解决方案;NCV5.7发布房地产、建筑、医药、煤炭、证券、广电、出版等多个行业版本。2012年,公司正式发布"用友企业云平台",推出面向大型企业、小微企业的云平台与云服务,包括财税、协同、营销、支付云应用服务,向行业化、服务化、平台化转型。此后,用友公司依然不断完善U8、NC功能,发展行业纵深,精耕解决方案,结合互联网,采取解决方案、咨询实施服务以及标准产品支持服务相结合的业务模式。2017年,用友U8 cloud上市,标志着用友进入以"企业互联网服务"为主体业务的 3.0 时期。

从推进中国企业会计电算化的用友 1.0 阶段，到用友切入企业管理及应用软件的 2.0 阶段，再到云服务、软件、金融服务融合发展的用友 3.0 阶段，目前用友已经正式跨入以满足企业数字化需求为导向的生态战略阶段。

案例来源：中国管理案例共享中心《永葆初心：用友公司产品创新与渠道开拓比翼双飞》

通过上面的案例可以看出，在用友公司的发展历程中，产品—服务依存关系的关键作用得到了充分的展现。

用友公司从做会计软件开始创业，会计软件的客户或使用者首先需要掌握会计的一些基本技能，还应会操作使用计算机。20 世纪 90 年代，财会人员普遍缺乏计算机基础知识，因为当时的会计年龄比较大，并且在当时计算机应用是高新技术，每台计算机的售价较高，有的甚至高达 2 万元。最开始会计电算化主要解决的是甩掉手工账的问题，纸质账全部转成电子账需要几年时间。用友最早仅有 15 个客户，大家接受新产品很难，所以开设培训中心来教育用户，这是第一步。后来用友公司开始在渠道上发力。招募代理商，分级培训教育市场，提供服务。服务包括五大类：软件的培训、安装、保修、维护和咨询。每个渠道服务能力不一样，所以面向内部的组织能力也要进行建设。

从会计软件、财务软件向 ERP 软件转变的过程中，很重要的事情就是把服务进行分类，涉及了代理商、技术支持中心、培训中心、配套用品公司等的设立。用友公司的服务人员不只是售后服务和培训人员，还包括售前顾问。用友扩大的合作伙伴形成了一支很强的服务队伍，需要大量的专业人员和项目相匹配。当从一款会计财务软件转变为管理软件或者 ERP 软件的时候，软件实施所需要的服务项目越来越多。对于会计软件来说，配套培训、安装服务就已足够。但随着软件业务覆盖度的扩充和软件规模的扩大，在管理软件业务的发展上就需要提供一些标准服务和定制服务，需要开发咨询方案，提供一套解决方案。这一转变的关键不是卖出一套软件，而是一个软件需要做成什么样才能让客户正常运行起来。也就是，产品和服务间的关系改变了，标准化的产品满足不了客户需求，产品与服务之间的相互关系需要仔细调整。

同时，复杂的附加服务在一定程度上也制约了产品。越复杂的产品往往越是服务决定产品。于是就出现了产品以及服务是更标准化些好，还是更不标准化些好的抉择。高度标准化的产品和服务对手容易效仿，而且服务有很强的锁定效应。服务的成本越高、质量越高,客户的转换成本也越高。可见,服务与产品的权衡是个很有挑战性的问题。

还需注意的是,用友公司产品的变化情况,是从一开始做会计软件,后来变成企业级的财务软件,再升级到企业管理软件。这个企业级应用的实施部署,会涉及客户的很多业务部门和业务部门之间的关系。安装、培训、升级、维护等环节以及产品和服务的运行体系给用友公司带来了较高的成本。

因此,产品和服务关系的转换过程对企业来说风险和机遇并存。一方面,成本的上升给企业的经营带来了诸多挑战和困难。另一方面,在这个过程中产品越来越复杂,对顾问的数量和能力要求越来越高,竞争对手的市场进入难度也随之提高。可见,产品和服务关系的转换会影响到企业的市场战略,是构建商业模式的基石之一。

6.2 产品与服务的权衡

产品和服务依存关系的分析基础是客户—企业双方的能力,包括吸收和满足。如果产品太复杂,那么客户吸收不了,所以作为提供商的企业一定要考虑客户的接受与学习能力。还有,企业本身有没有很强的满足客户的能力;如果没有,就需要找其他伙伴合作。此外,产品和服务交互的过程,是多轮次的,很少有一次性的。服务是一个很好的保持客户接触和联络的手段。比如,可口可乐公司收购 Costco 公司,不是为了餐饮零售,而是利用其供应链,更好地接触客户,利于把握客户需求的变化。同时,我们可以观察到,很多国际企业会把生产职能外包,但是很少会把营销职能外包。这是因为企业需要和客户进行密切的接触,需要知道自己的客户在想什么,才能把握客户的消费动向和趋势。

在产品和服务进行权衡的时候,从企业(提供商)视角和客户(需求方)视角的思考是不一样的。客户需要的是产品能正常使用满足自身需求;提供商除了保证产品能正常使用以外,还需要思考用户的使用过程能给提供商自身带来哪些益处。

产品和服务的权衡还要考虑客户和提供商的价值共创,客户和提供商共同塑造企业的产品以及服务。在强调生态、伙伴的时候,巴纳德[3]早在1938

年就认为客户就是企业的重要组成部分,管理客户和管理员工是一样的。没有企业就没有客户,没有客户也没有企业,在理解产品和服务关系的时候一定要强调双方的价值共创。服务不是负担,而是商业机会的重要源泉。因此企业需要让客户进入企业,倾听他们对于服务的意见,正如海底捞依服务而声名鹊起、用友因服务而业务兴盛。

6.3　产品—服务的依存关系：共栖、共存、寄生

产品和服务存在着相互决定的可能,考虑到产品的技术属性和最终产品的客户价值实现方式,把产品—服务的依存关系划分为三种类型：共栖、共存和寄生[4]。

6.3.1　对产品与服务依存关系的判断

一般意义上,产品首先被生产出来,然后提供服务。前者为基本价值载体,后者为企业满足客户实现价值而做出的努力,由此产品和服务是满足客户需要的互补伴随。然而产品和服务之间的伴随关系不是固定的,这是因为产品和服务在满足客户需要上的出现次序是不固定的,产品和服务之间的相对地位也不是固定的。因此,产品和服务之间的依存关系存在着相互决定的可能。

在不区分产品处于销售前或者销售后的情形下,也就是对于是否在企业与客户之间产生了销售契约关系不作区分的条件下,本书将进一步讨论产品与服务之间的决定关系。主要从两个方面考虑,一个是产品的技术特性,也就是对客户自我应用产品能力的要求；另一个是最终产品的客户价值实现方式,也就是在产品的客户价值实现的最终完成上所需要投入的服务成分的多少。

产品的技术特性决定了客户使用此产品所需付出的学习成本和资源投入,也决定了企业服务提供能力的投入成本,以及潜在的社会组织掌握此产品服务能力的学习成本和人力资源获取的难度。产品的技术性能在产品与客户的界面上表现得越复杂,对于产品的服务能力的要求越高,企业、客户及

可能提供服务的合作伙伴和松散的社会经济组织学习和掌握此产品服务技能的投入就越高,从而与此产品的技术特性相匹配的社会可利用资源的数量就越稀缺。此时,企业或者自己组织服务力量的培训,或者寻找合作伙伴的加入来共同开拓与此产品匹配的服务能力,包括人力资源、设施和服务体系的建立。由此,产品用户界面的技术复杂性成了产品技术特性能否产生外部经济效应的关键因素。

最终产品的客户价值实现方式,源于产成品的完成程度和产品投入使用后的维护需求。如果产品进入客户现场时处于半成品的状态,那么此产品的价值实现就需要配套的服务介入。如果产品在客户使用过程中需要维护运行状况,那么此时也需要配套的服务介入。产成品的完成程度,意味着产品潜在客户价值的发挥条件是否完全具备,可能是产品的系统复杂性需要专业人员的培训,也可能产品本身的复杂性需要专业的安装与实施人员和设施的配备,从而在产品的可用性和客户实际使用之间存在间隙,而弥补这个间隙的基本方式就是通过基于产品的服务来介入。产品在客户现场投入使用后还需要持续维护的情形,意味着这个产品系统本身的正常运行需要专业人员和设施的支持,或者此产品的应用人员需要通过专业技能的培训和学习。从产品的客户价值实现方式来看,服务是为客户能够正常使用此产品所提供的应用能力。当客户具备此应用能力时,就不会需要他人的相关服务来介入,客户对于外来服务的依赖性就会降低。在竞争的情形下,如果可以刨除客户已有的沉没成本,那么客户就更容易转换到竞争对手的阵营之中;反之,就会服务锁定[5][6]。同时,客户具备了此应用能力的一定基础和条件时,比如曾经使用过类似的产品而建立起的使用经验、应用与实施类似产品与服务的组织方法等,将会对服务的需要比较熟悉,从而对于当前产品使用的推进就会更顺利;反之,企业就会增加对客户服务的投入,包括培训、学习、示范、试用等,为客户建立起一定的应用能力基础和基本条件,使服务可以在产品之前先行进入客户的现场。

6.3.2 三种依存关系及转换

通过分析产品的技术特性和产品的客户价值实现方式,可以得到产品和服务之间存在着依存关系。当产品与客户的界面上存在着使用技能需求时,可以依靠服务来完成最终产品的客户满足。当客户缺乏目标产品的应用能力时,可以通过服务来准备和建立应用能力,从而为产品的预期价值实现创造条件。因此,在产品和服务的关系上,不存在相互之间绝对的决定关系,而是存在着各自"在客户现场是否会存在"的挑战。即有的产品不需要客户现场的服务,除了通用的营销服务外;有的产品和服务并存,否则客户无法使用产品;有的产品可能无法销售给客户,因为服务是为客户建立产品使用能力的先决条件。

在产品与服务之间存在着三种基本的关系——共栖、共存和寄生,这三种关系形成了一个连续体,如图 6-1 所示。此处借用了生物学中的互助和互利范式,认为这三种关系不是静态的,可以从一种类型转换到另一种类型[7],并且产品—服务之间是合作而不是竞争关系。

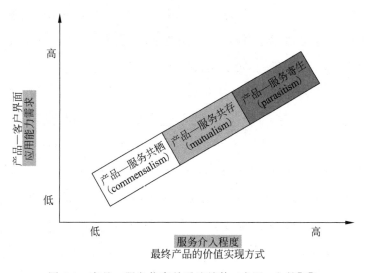

图 6-1　产品—服务依存关系连续体（来源：文献[8]）

产品—服务共栖,是指产品和服务之间存在着衍生关系,服务是在产品存在基础之上而存在的,但是服务不会改变那些已经生产出来的产品的已有设计。此时服务是依赖于产品的,如果没有产品的存在,那么服务也就没有存在的机会。此种情形的出现,往往是在产品与客户的界面上产生了对于产品使用技能的需求,因此服务是不可避免的活动,无论是企业、合作伙伴还是用户自身都可以作为服务的提供方。当产品与客户的界面上出现更多的应用技能需要时,服务的作用就会越来越突出。在涉及培训、安装、实施、售后服务、维护、升级的产品类别中，服务是产品的有益补充，但此时服务不会改变已经上市产品的基本设计。此时产品设计和产品系统本身决定了对于服务的需求量，是否需要专业化的服务取决于产品设计和生产，而用户则需要配备与产品发展同步的产品应用能力。

产品—服务共存，是指产品和服务之间是并存关系，二者必须相互配合才能实现最终产品的客户价值。服务与产品互补，都因为对方的存在而让自己的地位得以巩固，从而在产品和服务之间形成了紧密的相互依存的关系。此时客户对于服务的需求意愿较高，对于产品的需求也较高，但如果没有产品的存在，那么服务也就没有存在的机会；同时，产品对于服务的依赖性也很高，如果没有服务的存在，根本无法保障产品的正常使用。此种情形的出现，往往是在产品与客户的界面上产生了对于产品使用技能的较高需求，或者对于产品本身的要求超出了当初的产品已有设计，但是产品和服务都不能独自满足客户的基本需求，此时服务与产品如同剪刀的两个刀刃，服务的重要性对于产品使用而言是必需的，而产品的设计和生产已经决定了产品本身对于服务的需求，因此服务和产品的这种互助关系要求维护好二者之间的同步关系，也就是已经生产出来的产品和服务能力之间需要相互匹配，甚至可能是相互妥协。

产品—服务寄生，是指产品和服务之间存在决定关系，服务是产品的先导，产品因为服务的存在而存在。此时产品依赖于服务，如果没有服务的存在和对于产品使用条件的准备，那么产品可能不会有机会进入客户使用现场，或者产品的销售机会是服务创造出来的。此种情形的出现，往往是服务决定了产品的功能设计方向，并且在预期的产品与客户的界面上产生了对于产品使用技能的强烈需求，因此服务既是创造产品的铺垫，也是实施产品的必需支持。此时，企业（或者合作伙伴）提供服务的能力的重要性超过对于产品本身的重视。服务能力成了制约产品经营业绩的条件，此时企业需要在建立专业服务能力上进行投入。

这三种关系之间没有绝对区分，只是相对区分，因此三种关系所构成的连续体表明产品—服务之间的相对地位是一种演变的态势，企业可以通过创造和实现不同的条件而使这三种关系出现转换。从企业自身来看，能够判断关系转换的基本依据是划分这三种关系的两个维度——产品与客户界面的应用技能需求和最终产品价值实现的服务介入。从企业的生存环境来看，竞争是促使这三种关系转换的重要驱动力，这主要是因为不同的厂商在满足客户的同一项需求上，采取了不同的产品形态，从而改变了产品与客户界面的应用技能需求和产品价值实现的服务介入程度。同时竞争促进了产业的繁荣，这些厂商共同的营销和市场教育服务提高了客户的相应产品应用技能。客户的使用经验的积累也建立起了一定的应用技能水平，从而改变了客户对于服务的依赖，实现了产品—服务之间相对决定关系的转变，如图 6-2 所示。然而要实现这些转换，企业需要付出成本和努力，这是因为产品创新、服务创新所依赖的组织能力和业务发展战略企业不一定能够意识到。同时，由于竞争的存在，行业中的一个企业可能错失了机会，但是对于整个行业而言，这些转换的实现不会改变。因此，三种关系会在一定条件下相互转换，并且这种转换具有阶段性特征，也就是一种关系存续了一定时间段以后才会出现转换的可能。

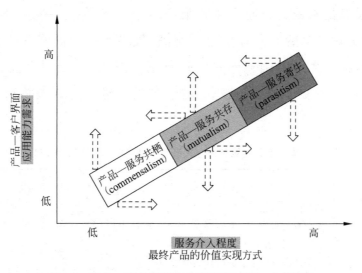

图 6-2　产品—服务依存关系的演变（来源：文献[9]）

产品—服务之间的依存关系的转换，并没有改变二者之间的合作关系，并且从客户价值的实现来看，产品和服务从来都不是竞争关系。如果想要促进产品—服务之间合作关系的发展，就需要在产品—服务合作关系的持久性、产品—服务的互动频率上努力[10]。然而，如果产品或服务提供商（一家或者多家）建立起服务和（或）产品的组织能力，那么提供商就会存在业务转型的困难,那些具有市场领导地位的厂商更不容易改变产品—服务之间已形成的共栖、共存和寄生关系,这些提供商会形成更加稳固的业务合作关系,或者是一家厂商的横向整合,或者是合作伙伴关系的强化,这对于新的市场进入者产生了竞争屏蔽作用。因此竞争的作用在于通过新进入者的创新改变了共栖/共存/寄生关系在产品最终客户价值实现上的既有格局,改变了行业参与者对于此业务的认识,促进了业务设计的改变。因此在产品—服务依存关系上的创新是商业设计创新的必要组成部分。

以软件产品为例,表 6-1 展示了产品—服务间的依存关系,概要地反映了产品与服务之间的相对地位的变化,分别称为 A 类策略:产品致胜,用户是因为考虑到产品的原因而购买了产品,甚至包括服务;B 类策略:产品服务共同致胜,用户不仅考虑了产品还考虑了服务,才做出了购买产品的决定,甚至包括服务;C 类策略:服务致胜,用户是因为考虑到服务的原因而首先购买了服务,然后才会购买产品,也可能只购买服务而没有购买产品。需要注意的是,此处并没有把营销这类通用性的服务划分出来,但是一般而言,当在产品与客户界面上对产品的应用技能要求越高、最终产品价值实现的服务介入越多时,营销就会从大众营销转向专门化营销。因此,一个用户位于 C 类策略会比 B 类策略得到更多的营销服务,位于 B 类策略也比 A 类策略得到更多的营销服务。

表 6-1　软件产品—服务依存关系与致胜策略(来源:文献[11])

产品与服务的生物学关系	现象描述	适应产品类别	致胜策略
产品衍生出服务,服务对于产品没有影响,二者是共栖关系	若没有软件产品,则服务就不会有存在价值,所以在客户购买的优先权上,首先是产品,然后才是可选性的服务。严格来说,任何软件产品都需要服务,但基于社会化普及程度和用户自学习的提升,所以这类服务有时表现为附属品,有时可以认为是厂商的赠送品,比如使用论坛、培训手册与用户指南等。厂商所提供的服务的可获得性也往往影响产品销售。	新产品、标准软件产品、社会认同度高的产品,比如微软 Office 软件中的文字处理软件——Word、个人杀毒软件、小型企业财务软件。	A 类策略:产品致胜

续表

产品与服务的生物学关系	现　象　描　述	适应产品类别	致 胜 策 略
服务是产品应用的必要条件,需要专业人员和专业技能,产品与服务共存	软件产品在性能上趋同,虽然产品呈现了标准化或者通用化的特征,但由于产品系统本身复杂性的增加及其所含专业知识与操作技能的提升,专业人员和专业技能成为服务的必需。用户往往很少具有复杂的或者专业的服务技能,或者由于产品更新,用户自学习速度和应用效果不如在专业人员提供服务的情况下更好,所以专业服务随之而生。	标准产品、服务产品,比如,企业管理软件产品、办公软件、计算机操作系统、数据库软件。	B类策略:产品＋服务致胜
没有服务,产品不会正常投入使用和存在,产品寄生在服务上	产品本身复杂或为专门用户定制而成,其总安装基础(即已有客户)只有很少的数量,或者软件产品系统内部配置参数复杂,用户根本无法自己全面实施和部署。因此服务是必要的组成部分,否则软件产品系统无法投入正常使用。	定制产品,比如大型企业管理软件系统(enterprise information systems)、定制的大型复杂管理信息系统等	C类策略:服务致胜

　　服务会随着安装基础(installed base)和产品成熟,在 C→B→A 间转化。在产品的转化路线中,C→A、C→B;B→A、B→C;A→B、A→C,服务也会跟随转化。所以服务与产品的主导力,取决于产品的特性,比如:标准化、模块化、可配置化、个性化、定制化、技术成熟化、转移风险、转移成本等。随着软件产品的普及和社会基础知识与应用能力的提高,服务与产品的关系会发生转变。比如在会计软件刚开始出现时,几乎每个使用者都需要使用技能培训;再如文字处理软件刚开始出现时,也需要培训。而现在这些培训服务都从 B 类策略转变成 A 类策略了,从而产品—服务依存关系也发生了转换。

6.4　本章小结

1. 本章主要内容

(1) 产品与服务是企业提供给目标市场的基本内容,产品与服务之间的关系是决定企业满足客户需要方式的基本战略选择。

(2) 基础提供(the fundamental offerings)称为产品,附加提供(the attached offerings)称为服务,二者的总和称为企业提供(the firm offerings)。

产品的供给能够满足用户的功能需求。服务是在企业经营过程中,与产品对等的存在,其目的是实现、保持或者提升产品的价值。产品和服务之间是共生关系。

(3) 产品的技术特性是对客户自我应用产品能力的要求。最终产品的客户价值实现方式取决于产品的客户价值实现上所需要投入的服务的比重。

(4) 以产品的技术特性和最终产品的客户价值实现方式作为分析维度,产品与服务之间存在着三种基本的依存关系——共栖、共存和寄生。这三种关系不是静态的,可以从一种类型转换到另一种类型。

(5) 产品—服务依存,特别是转换,是创造商业机会和利润的源泉。

本章内容结构,如图 6-3 所示。

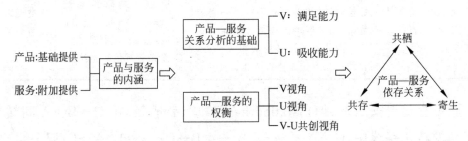

图 6-3 "产品—服务依存关系"内容结构图

2. 启发思考题

(1) 如何理解"产品"与"服务"的内涵?

(2) 产品—服务依存关系的分析基础是什么?

(3) 企业在选择产品—服务关系时会权衡什么?

(4) 针对产品—服务依存关系的共栖、共存、寄生三种情形,举例说明它们之间的差异和转换的可能性。

(5) 结合一个自己观察的案例,试着分析竞争在产品—服务依存关系转换中的作用。

6.5 参考文献与注释

[1] Kotler, P. & Armstrong, G. (2008). Principles of Marketing (Twelfth Edition). Upper Saddle River, NJ: Pearson Prentice Hall.

[2] 顾元勋 著(2014). 拉得上的手:商业模式设计的逻辑. 北京:清华大学出版社. P. 92.

［3］　Barnard,C. I. (1938). The Functions of the Executive. Cambridge,MA：Harvard University Press.

［4］　顾元勋 著(2014). P. 99-109.

［5］　Klemperer,P. （1987）. Markets with Consumer Switching Costs. The Quarterly Journal of Economics,102(2),375-394.

［6］　Farrell,J. & Klemperer,P. (2007). Coordination and Lock-in：Competition with Switching Costs and Network Effects. In M. Armstrong & P. Porter (Eds.). Handbook of Industrial Organization,Volume 3(pp. 1967-2072). New York,NY：North-Holland.

［7］　Paracer,S. & Ahmadjian,V. (2000). Symbiosis：An Introduction to Biological Associations. New York,NY：Oxford University Press.

［8］　顾元勋 著(2014). P. 103.

［9］　顾元勋 著(2014). P. 106.

［10］　Axelrod,R. M. (1984). The Evolution of Cooperation. New York,NY：Basic Books.

［11］　顾元勋 著(2014). P. 107-108.

［12］　案例来源：顾元勋,夏梦圆. 2021-09-28.《永葆初心：用友公司产品创新与渠道开拓比翼双飞》. 中国管理案例共享中心.

第 7 章

规模与范围经济

成长是企业的本性,也是商业模式设计的基本导向。成长为大企业是企业的基本发展目标,也是企业成长的基本方向。企业成长的必要条件是利润,而成长为大企业的基本衡量标准是规模经济和范围经济。本章以规模与范围经济作为商业模式的治理原理而展开;规模与范围经济是组成商业模式的必要元素。

7.1 利润和市场份额

无论是成长中的中小型企业,还是已经成长起来的大型企业,企业的成长过程都需要依靠利润来提供基本的生存条件。钱德勒[1]认为利润导向是企业的基本属性,不仅新企业的运行和长期的成长主要依靠留存盈余,而且在新设施和新工厂的投资见到收益之前,企业也主要依靠调配留存盈余来投资。从经济激励的角度看,利润是激励企业相关利益者进行持续投入的必要手段,但只有从企业整体而不是员工个人视角来看待利润才有意义。德鲁克[2]认为,利润的作用一方面用于检验企业在营销、创新和生产力方面的表现,也就是利润是这些表现的结果而不是原因;另一方面利润可以平抑未来经营中的风险。因此,利润是衡量企业整体经营成功与否的必要标准之一。

企业成长过程中,与利润伴随的是市场份额。在商业模式的设计中,既然把企业看作开放系统,我们就需要观测企业来自环境的指标,即市场份额。它是企业在外部环境中与竞争对手较量的直接反应,与销售额一样,也最容易被企业作为基本数据和策略而使用,所以市场份额对企业内和企业外具有双重价值。

如果从价格竞争的角度来看,钱德勒[1]明确地指出:"规模上的价格优势反映了厂商的市场份额。通常,丢掉的市场份额给了竞争对手,不仅增加了自己的生产成本,而且会降低对手的生产成本。"市场份额是相对直接竞争对手而言的经营规模的指标。它一方面反映了企业的运营效率,另一方面,Henderson[3]认为,对于竞争性的企业,市场份额非常有价值,它会决定相对的收益率。但是对于一家公司的市场份额而言,必须说明其与市场领导者市场份额的相对地位。而绝对的市场份额通常意义不大,除非作为市场稳定性和竞争成熟度的指标来使用。市场份额的改变意味着竞争和挤压同行对手的空间。在资源稀缺和条件紧缺的情况下,占有更多的市场份额很有必要,这是因为较大的市场份额意味着较强的企业能力,会带来品牌影响力的提升以及与供应商的讨价还价能力的提升。

所以可以得到:追求利润、市场份额是衡量商业模式绩效的必要参考。这是基本的思考前提。并进一步得到:利润和市场份额(以及销售收入)是企业生存和成长过程中彰显于外部环境的基本指标,也为企业的持续成长提供了基本动力。

由此,规模与范围经济、利润和市场份额(以及销售收入)成了商业模式设计中的基本动机[4]。

7.2　组织能力:技能与设施

企业规模与范围经济的获得,不仅在于生产领域,更重要的在于企业的组织能力。企业的组织能力就是技能和设施[1],更基本地,是企业持续学习过程中所实现的经营能力的综合和总和。

从企业的技术知识视角来看[5],组织能力驻留于整个组织而不是组织中的个人或者设备上。通过信息处理机制和组织的协调,借助组织持续地履行常规工作而得以保持组织能力,这些常规工作就是组织的技能。企业组织能力的获得,源于企业解决扩大生产规模过程中的问题,源于对客户需求知识的获取、为客户改变产品和服务流程的行为,源于对供应商的可用性和可靠性的掌握,源于招聘和培训员工与管理者的学习过程,最后表现在企业设施和人员技能上,特别是高级经理的技能。高级经理们把企业看作一个整体来规划和协调资源[6]。组织能力的获得依赖于企业在生产、分销和管理上的三重投资[1],从而为企业创造先行者的优势,即获得规模经济或范围经济,或者二者并存。先锋企业之所以失败而不能成为先行者,主要是因为在三重投资上出现了错误。把企业作为开放系统来看,这三重投资解决了企业作为开放系统而需要的输入、输出和反馈控制这三个核心组成元素,从而使企业作为一个整体存在并具有了持续发展的生命力,这也是企业获得和保持永续竞争优势和市场地位的基本逻辑[1]。企业获取最低有效规模需要依赖后端的供应和前端的分销,因为供应和分销能够为企业的新产品或复杂产品提供必需的知识及设施服务。由此可以推断企业建立自己的分销渠道除了基础设施的硬件约束外,还受制于企业自身所拥有的相应的人力资源的储备。从组织—环境关系的视角来看,企业作为开放系统的首要任务在于构建"通路"(Outlets,渠道/营销组织),即如何实现价值才是商业模式的核心。幸好,企业作为开放系统可以获取环境中的人力资源以充实和建立自己的"通路",也就是价值实现频谱[7]。

组织能力的建立和高通过量的获取依赖于通路和企业所在行业与产品本身的特性,其背后依赖于企业组织的协调,特别是企业作为开放系统,需要在内部协调和跨越企业边界的协调上并重。进一步,结合上文论述的商业模式的概念分析,并根据钱德勒[1]提出的通过量来看,企业在内部可以通过行政命令解决好内部的协调问题,而企业与环境之间的协调则远不是行政命令所能解决的。因此企业为追求高通过量,在商业模式的设计中,与环境之间的"协调"显得尤为重要。由此,在商业模式的设计之中,如何实现企业与环境之间的协调是核心任务[8]。

规模经济是相对的,即本企业相对于主要对手而表现出来的规模经济。规模经济也是移动的,从一个规模到另一个规模,其优势不是固定不变的,而是相对于其对手而言所具有的优势。由于企业的最优规模难以测定和相互比较[9],所以我们认为只要企业在成长过程中向着提升通过量的方向努力,就是走在持续地追求规模经济的正确道路上。

企业成长源于企业的持续学习能力和保持组织能力的集成学习基础[10]。正如彭罗斯[11]所论述的,企业成长在于企业对于生产服务和管理服务的充分挖掘和利用,因此也可以被理解为企业生产性资源和管理性资源在使用上实现了组织能力的挖掘和开发。如果考虑到商业模式中创新和效率[12][13]的要求,那么企业竞争优势的保持和实现也依赖于组织能力。

总之,规模和范围经济是组织能力实现的结果,也是衡量组织能力的基本准则。

7.3　先发者优势与学习曲线

规模和范围经济是商业模式的基本治理原理,它的主线是通过量。通过量之所以能够实现,是依据先发者优势、学习曲线等企业理论。

为了保证高通过量,企业除了需要有强大的生产组织能力外,还需要有先发者优势。英国、美国很多优秀的知名大企业之所以能成功,是因为能一直保持先发者优势,从而保持着很高的规模经济水平和高的通过量。钱德勒[1]提到了四种保持先发者优势的方式:第一是并购。要维持地位就要扩大规模,并购得来的不仅是产量,还有客户、渠道。第二是往上下游延伸。现代企业应该先做横向职能整合再往上下游垂直延伸。第三是地理上的拓展。比如在全国各地甚至世界各地开连锁店。第四是开发新产品。所以大企业都会从一个经营单一产品的企业逐步地演变成为业务相关多元化企业。这主要是因为企业曾经有的技能和知识可以在不同领域里进行复制。

学习曲线,意味着一个组织的学习能力,实际上是经验的重用和企业集成学习基础的持续开发[10]。这在根本上是人员能力的保持和不断提升。所以企业要保护和珍惜那些有丰富经验的员工,避免关键人才流失而造成组织能力的损伤。

另外,企业也要随着环境和情境变化,及时响应做出改变。否则,企业的通过量也很难持续地保持下去。在前文提到的灿坤公司案例,企业所犯的致命错误就是未能适应环境的变化。这是因为新环境重新定义了问题的特质属性,环境变了,条件和约束也就变了,相应地企业也要改变自己的战略和商业模式。灿坤公司在台湾地区属于大型企业,而在大陆属于中小型企业,大型企业有大型企业的市场策略,俗称"打法",小企业也有小企业的独门打法。假如灿坤把自己在大陆定位成小企业,或许就不会扩张得那么快。面对环境的改变灿坤并没有从自身调整过来,还是坚持以大型企业的策略去开拓市场,这就注定它会失败。同时,灿坤在台湾能保持很好通过量的前提在于它的基础设施和对接的客户是有效的。而当更换到了一个新环境以后,灿坤并没有明显的适应性调整,由此,也就无法保持其先发者优势。还有,灿坤是从台湾派来管理人员,照搬台湾的那套体系,这不适合大陆环境,也就无法发挥出原有的组织能力。因此,灿坤的 3C 分销业务在整体上的通过量无法维持高水平,规模和范围经济处于较低的水平,这从根本的企业经济表现上制约了企业的发展。

案例:永葆初心:用友公司的先发优势和组织学习

用友软件公司自 1991 年以来连续 27 年赢得财务软件中国市场占有率第一名,自 2002 年至今连续 16 年赢得 ERP/管理软件中国市场占有率第一名。这期间,用友公司的产品从会计软件、财务软件发展到财务一体化软件、ERP 软件,现今发展到云服务与传统管理软件并荣的阶段,产品架构持续演变。与此同时,用友公司的代理商、分公司、合作伙伴自 1990 年以来也是一路高歌猛进,发展至 2000 余家代理、60 多家分公司和 700 余家专业合作伙伴,覆盖中国的所有地域市场。

从公司初创开始,用友就成立了开发部和培训部,确定了以产品和渠道为重的企业发展路线。产品方面,用友最早瞄准财务软件市场,于 1989 年推出了第一代应用于 DOS 系统的商业化财务软件,此时的财务软件还处于"单项处理型财务软件"阶段,主要功能模块是通用账务和报表处理。为了加强与用户之间的联系,增进与用户的沟通了解,用友于 1989 年 9 月 18 日在北京召开了"用友系列财务软件展示会"。到会祝贺的有中国人民大学的教授,以及财政部、机电部、审计署等有关部门的计算机开发、管理人员。会上,用友就已开发的会计软件为百余名用户及来宾进行了现场演示。11 月 21 日,用友公司在北京奥林匹克饭店召开了《会计电算化指南》首发式,正式向广大读者推出了《会计电算化指南》一书。

用友之所以能成为"用户之友",除了优质的产品外,还在于优质的服务。它始终把售后服务与产品开发同等看待,早在 1989 年开发部成立时,就成立了培训部。与此同时,针对财会人员普遍缺乏计算机基础知识的现状,公司于 1992 年在北京西郊组建了当时国内同业规模最大的专门的培训基地。用友公司积极支持代理单位与各地财政部门合作,目前已在安徽芜湖、四川成都及广西梧州等地建立起会计电算化培训中心,向社会各界普及会计电算化的基本知识和用友软件的操作使用方法。另外，1991 年，用友公司成立了国内第一家财务软件用户协会，进一步加强了对用户的服务与支持及用户之间的交流与合作。1993 年该协会已由中国计算机用户协会批准为分会，拥有会员 200 多家；用户协会创办的《电子财务技术应用》内刊每期发行 2500 册，深受财务人员欢迎。

为了增强维护力量，用友还专门成立了维护部，开通了多部用户热线咨询电话，配置了摩托车、BP 机等大量设备，组建了当时京城有名的摩托车服务队，对北京及周边地区提供 24 小时上门服务。在用户量激剧增加的情况下，为把服务做得更细，用友公司在服务机制和服务方式上进行了新的探索和尝试，建立了二级服务的新体系。即总公司设专门机构对分公司和代理商进行培训、监督和技术支持，由分公司和代理商负责对各地的用户就近提供直接的售后服务。从而变一人之能为多人之能，利用大家的力量把各项服务工作做得更细致、更扎实。1993 年初，还在全国各地建立了 40 个授权技术支持中心和 10 个授权培训中心，努力使用友产品售后服务保障能力得以进一步增强。

1992 年，用友推出基于局域网的网络版财务软件（V5.0 ForDOS），财务软件进入"核算型财务软件"阶段。这一时期内，会计电算化已经在中国国内普及并迅速发展。财务软件从简单的核算发展为以管理为目的，通过核算实现财务管理的软件。作为国内的财务软件同行，金蝶在 1996 年成为国内最早成功地将 DOS 平台的财务软件移植到 Windows 平台上的公司。同年，伴随着 Windows 系统的普及，用友推出了基于 Windows 的财务软件，这是用友软件第一次技术平台大升级。与此同时，国内同行万能软件也发布了基于微软 Windows 95/NT 的财务软件产品。至此，中国的财务软件逐步进入 Windows 时代。

1996 年，用友抓住企业对管理软件的需求推出第三代产品——"管理型财务软件"（V6.0 ForDOS），将财务软件的功能延伸到了管理会计、成本会计、财务分析、财务预算等更深层次；并开始启动企业管理软件的开发，引导中国财务软件从核算型走向管理型。

1997 年用友正式开始向管理软件战略转型，并着手研发公司的第一款 ERP 软件，即用友 U8，这是日后用友公司抢占中国中高端管理软件市场的中坚产品,也是用友公司至今最富声誉的主力产品线之一。

考虑到财务软件的专业特性——计算机应用技能和财务技能的双重需要,从公司初创开始,用友就极其重视渠道实施产品的能力,创立之初主要需要的是:市场普及、销售与售后服务能力。公司通过教育培训、建设渠道网络、强化服务等措施,努力提升用友产品售后服务保障能力。

回头来看,在1990年时,用友公司在北京市场上占有一定份额后,寻求向外地扩张。1990年用友公司率先成立了外地业务部,即通常所说的渠道部门。用友招募了第一批来自6个省的十余家代理商,并为代理商提供必要的产品技术培训,让代理商具备基本的产品技术能力,以便能为客户提供售后服务,这也让用友成为国内第一家发展代理商的软件企业。同时用友让代理商享受产品报价50%的订货折扣,代理商公司可以通过销售赚取相当的利润和维持客户服务所需要的足够的费用。得益于市场的逐步兴起和渠道政策,第一批代理商获得了相当可观的收益,用友公司的销售收入从几十万元陡然增加到1000万元。代理商公司依靠用友软件业务迅速从简单业务中脱颖而出,从而吸引了更多合作伙伴加入成为用友渠道成员。同时,用友不断加强服务的标准化。1997年,用友明确了一系列的售后服务办法,由集团公司、所属子公司、各级代理、客户服务中心等严格执行,并接受用户和中国软件行业协会财务及企业管理软件分会的监督。

在服务已经具备规模化的基础上,用友公司开始实行标准化服务,以ISO 9000服务质量体系规范管理,通过标准化、专业化、规范化的程序来推进整个实施过程,确保服务水平,控制服务成本。用友大力推行服务规范的标准化,积极促进各类渠道机构通过国际质量体系认证。到2000年,上海、广东、南京等地共50多家用友分子机构已经通过ISO 9002的认证,整个用友体系的营销服务水平跃升了一个新的台阶。

随着U8产品的持续发展,用友产品覆盖度越来越广,从财务软件向管理软件转型的格局业已形成。在高端市场,用友2001年发布其全面升级战略的标志性产品——NC(新世纪)管理软件。至此,用友完成了完整的产品布局:从低端ERP市场("通"系列产品)到中端ERP(U8),再到高端ERP(NC3.0)的完整的产品布局。

案例来源:中国管理案例共享中心《永葆初心:用友公司产品创新与渠道开拓比翼双飞》

针对上面的案例,我们用相关的企业理论——先发者优势、学习曲线来分析用友公司为什么能成功,会发现这不是偶然的,而是有规律可循的。

用友公司的技能表现在渠道开拓、服务提供上。用友公司早期是绑定微软产品进行软件开发的,后来做 NC 时使用另外一套技术体系,在这个过程中一直使用当时的新技术。企业的技能不仅包括各项运营技术,管理层的决策能力也包括在内,而且相当重要,因为公司需要有很强的战略判断能力。同样地,海尔、联想、华为等公司能够多年长盛不衰,绝对不是靠运气,它们的高管有相当强大的判断能力与决策能力。比如,2002 年当小灵通(指一种无线电话技术或使用此技术的手机)流行的时候,华为就很犹豫是否要投入。但是总裁任正非判断那是落后的技术、早晚会被淘汰,所以他们把重心投入到移动通信技术的 2.5G、3G 这些更先进的方向,后来事实证明这个决断是对的。当然,从 2000 年到 2008 年,在公司内外压力之下,任正非自言"为了一个小灵通,我痛苦了 8～10 年"。海尔公司的总裁张瑞敏于 1985 年敢于"砸掉 76 台不合格冰箱",也体现了当时的决策者对于本公司产品质量的信念和要求,实际上是对企业水准即服务市场和客户水准的要求。

同时,服务技能也是业务的重要组成部分。在产品和服务关系的处理上,当产品更新换代发布新版本,用友就会马上安排培训,并建立庞大的专业顾问团队和服务团队,使服务跟上产品的发展。可能很多企业没有意识到这一点,即产品开发出来只是完成了事情的一半,另外一半是需要保持产品体系的正常运转。用友公司很好地保持了开发和维护两个体系的平衡。

在先行者优势方面,用友一直是全国最大的财务软件公司,它是如何保持的呢? 第一,不断发展代理、开设分公司,持续扩大市场份额或者市场影响力。第二,在需求端注重与客户保持密切的联系。用友每年都会面向全国客户和潜在客户进行免费的培训,包括会计电算化、ERP、数字化等,提高客户对公司产品的认可度,普及当前的技术应用,同时保有良好的客户联络。第三,用友公司一直以来注重产品的质量稳定,产品稳定会影响到客户信赖,同时还意味着维护成本较低。第四,持续开拓渠道,在 2003 年的时候,用友在全国就有 2000 多家代理商。此外,愿意采取国际标准也是用友公司维持先发者优势的一个重要部分。用友公司很早就通过了国际质量 ISO 9000 认证和软件开发成熟度 CMM3 认证。这些体系的引入很重要,它们不是形式主义,而是企业维持经营体系合理运转的工具。

在建立了已有技能的基础上，企业要长远发展还需注意维护保持学习曲线和先发者优势。用友公司在 2002 年时，一年可以落地 3000 个管理软件项目，数量之大依靠的就是产品稳定和标准化，以及代理商的有效复制。同时，用友公司的员工流失率特别低，创业 20 年之际，最开始的资深员工很少有流失的。对于最高决策者，维护员工，特别是核心员工的稳定很重要。类似地，通用汽车第八任总裁斯隆在招聘员工的时候，会用一两个小时来判断这个员工的优和劣。之所以作为总裁还要花这么多时间在招聘上，斯隆认为："第一，我们招进的员工以后要一起工作几十年，所以选对人很重要；第二，万一他以后成为公司的总裁，就要更加用心筛选。"因此，企业员工的忠诚度或者说离职率的高低，和高管的态度息息相关。大家可以设想一个企业，如果员工总出问题，团队不稳定，那么前面提到的技能、先发者优势也就很难保持。

最后，学习曲线甚至集成学习基础，是企业构建组织能力的必要条件。用友跟随环境变化不断调整组织结构和发展观念、经营活动以适应新的环境。用友追求创新，引进标准的管理体系，向微软、IBM 学习，不断研发新产品，赶上技术潮流；对企业研发体系进行持续调整；对业务理解也经历了不断变化。结构方面，除了事业部以外，用友不断改变渠道服务和渠道组织的方式，原来是大区，后来出现了分公司，又出现了直销、分销。通过组织架构的不断调整，来适应市场的动态变化。用友原来自称财务软件提供商，现在则变为企业服务提供商，业务理念发生了转变。用友公司从来没有把自己简单定义成一个软件公司，它的目的是通过软件推动中国的管理进步，用技术创想推动社会进步。信息技术在社会中的角色不断发生改变，在新的环境中，企业会重新定义业务。

7.4　商业模式的基本治理

企业发展的基本方向是成长为大企业并继续保持大企业的市场地位和优势。正如钱德勒[1]所发现的那样：追求规模和范围经济是企业成长为并保持大企业地位的基本衡量标准。企业能否获取高通过量是实现规模和范围经济的基础。

因此我们得到两条基本的公理[14]：

（1）商业模式的目标是追求企业的成长。

（2）规模和范围经济是商业模式的基本治理原理。

为获取高通过量和实现规模与范围经济所需要的组织能力，根据组织能力的学习式构建过程可以确认，"通路"（分销/营销）、产品—服务和客户需求满足（对客户认知）是企业成长和构建商业模式系统的基本组成元素。

商业模式设计的核心内容在于构筑、打通和监控提供商与客户之间的"通道"，商业模式的监控通过规模和范围经济的实现来测量，以高通过量为基本监控指标。而通道的构筑和贯通就是"价值实现频谱"的构建、提供商与客户（与用户）间的"认知一致性"和产品—服务间的"依存关系"。

同时，需要注意规模经济和范围经济也会存在陷阱。规模经济的陷阱在于任何一个企业都要保持一个最小有效规模，这因企业而异，不同的企业需要有不同的判断，不是规模越大越好，也可能会出现规模不经济的问题。范围经济的陷阱则是过分强调范围经济就会造成不相关的多元化，反而会侵蚀自己的核心能力或专长。因此，规模经济和范围经济是一个相对的企业经济表现，这是一个需要动态监测的结构化过程。

7.5　本 章 小 结

1. 本章主要内容

（1）追求利润、市场份额是衡量商业模式绩效的必要参考。

（2）商业模式的目标是追求企业的成长。

（3）规模和范围经济是商业模式的基本治理原理。

（4）规模和范围经济、利润和市场份额（以及销售收入）是商业模式设计的基本动机。

（5）企业规模和范围经济的获得，不仅在于生产领域，更重要的在于企业的组织能力，企业的组织能力就是其设施和技能。

本章内容结构，如图 7-1 所示。

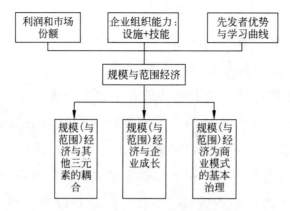

图 7-1　"规模与范围经济"的内容结构

2. 启发思考题

（1）规模和范围经济与商业模式的其他三元素间的耦合关系是怎样的？

（2）怎么理解企业的组织能力（设施＋技能）？

（3）企业如何保持先发者优势？

（4）企业应如何行动才能达到比较理想的规模经济和范围经济？

（5）尝试用一种方法来衡量规模经济，并分析此方法在不同企业间的表现差异。

7.6　参考文献与注释

[1] Chandler, A. D. , Jr. (1990). Scale and Scope: The Dynamics of Industrial Capitalism. Cambridge, MA: The Belknap Press of Harvard University Press.

[2] Drucker, P. F. (1954). The Practice of Management. New York, NY: Harper & Brothers.

[3] Henderson, B. D. (1979). Henderson on Corporate Strategy. Cambridge, MA: ABT Books.

[4] 顾元勋 著(2014). 拉得上的手：商业模式设计的逻辑. 北京：清华大学出版社. P. 61-64.

[5] Nelson, R. R. & Winter, S. G. (1982). An Evolutionary Theory of Economic Change. Cambridge, MA: Harvard University Press.

[6] Chandler, A. D. (1992). Organizational Capabilities and the Economic History of the Industrial Enterprise. The Journal of Economic Perspectives, 6(3), 79-100.

[7] 顾元勋 著(2014). P. 56-58.

[8] 顾元勋 著(2014). P. 58.

[9] Porter, M. E. (1985). Competitive Advantage: Creating and Sustaining Superior Performance. New York, NY: The Free Press.

[10] Chandler, A. D. , Jr. (2005). Inventing the Electronic Century: The Epic Story of the Consumer Electronics and Computer Industries. Cambridge, MA: Harvard University Press.

[11] Penrose, E. T. (1959). The Theory of the Growth of the Firm. New York, NY: John Wiley & Sons.

［12］　Amit，R. & Zott，C. (2001). Value Creation in E-business. Strategic Management Journal，22 (Special Issue)，493-520.

［13］　Zott，C. & Amit，R. (2007). Business Model Design and the Performance of Entrepreneurial Firms. Organization Science，18(2)，181-199.

［14］　顾元勋 著(2014). P. 60.

［15］　案例来源：顾元勋，夏梦圆. 2021-09-28.《永葆初心：用友公司产品创新与渠道开拓比翼双飞》. 中国管理案例共享中心.

第 8 章

商业模式的设计规范与创新策略

本章主要介绍商业模式设计的行动程序和基础流程,以及商业模式创新的策略和思路。

8.1 商业模式分析与设计的基础流程

在进行商业模式的设计与分析时,第一,需要进行企业现状识别,如运用波士顿矩阵等战略领域的相关工具方法对企业进行定位。第二,需要进行目标的设定或者预测。第三,按照商业模式设计的逻辑四元素分别展开。第四,进行商业模式设计矩阵的沙盘演练,包括矩阵的定位和迁移。第五,对关键概念进行测量。第六,分析预期收益与风险,包括资源、能力、承诺、预期。第七,考虑情境、组织、团队和个人因素。第八,发挥管理职能,包括计划、协调、控制等。

把商业模式设计的逻辑转化成行动,需要在意图和目的的指导下进行。商业模式设计的意图在于促进企业的成长,因此企业成长的状况,会决定企业该采取何种策略来分析和设计商业模式,即应用策略。应用策略包括 7 个基本的程序[1](图 8-1),分别是:

(1) 商业模式设计的基础流程;

(2) 企业全局识别;

(3) 商业模式设计所涉及的关键概念;

(4) 应用中的关键问题调研;

(5) 商业模式设计矩阵(TCH 矩阵)中的起点定位;

(6) 认知一致性内容结构的分析和启用;

(7) 商业模式设计的绩效评估。

其中,商业模式设计的基础流程,依据 TCH 的基本原理而构建,目的是建立起分析和设计商业模式的基本框架,如图 8-2 所示。

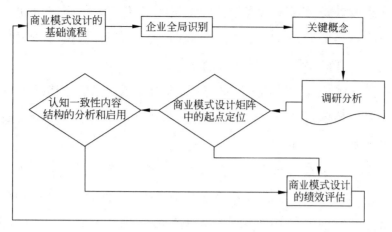

图 8-1 商业模式设计的行动程序(来源:文献[1])

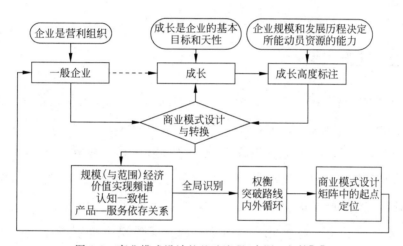

图 8-2 商业模式设计的基础流程(来源:文献[2])

企业全局识别有两个评判要素[3]:企业的相对规模和成长速度。

商业模式设计所涉及的关键概念,是为了针对企业所处的成长历程(具体被划分为八个成长阶段)给出关键概念的企业价值,帮助形成统一的商业模式设计的思想认识基础。这些概念分别是商业模式设计中的基本概念:规模(与范围)经济、价值实现频谱、认知一致性、产品—服务间的依存关系;以及与商业模式设计直接相关的:组织能力、外部资源、直接竞争对手、行业(细分市场)。这些基本概念在各个阶段不会改变,但是在每一阶段中,概念含义会有变化。

应用中的关键问题调研,是为了对所关注的关键概念进行测量,提供调研分析的基本观测变量。

商业模式设计矩阵(TCH 矩阵)中的起点定位,是在调研分析的基础上,对于目标企业的当前阶段和未来商业模式的状况给出定位分析,确认企业在TCH 商业模式矩阵中所处的具体位置。

认知一致性内容结构的分析和启用,是在调研分析的基础上,对于目标企业的认知资源的状况进行判断分析,提供企业当前发展阶段和未来发展目标下的认知资源的开发策略。

商业模式设计的绩效评估,是在规模(与范围)经济、价值实现频谱、认知一致性、产品—服务依存关系分析的基础上,所得到的这四个元素的"乘数":

商业模式的绩效=价值实现频谱×认知一致性×产品—服务间的依存
关系×规模(与范围)经济

由此,可以判断商业模式对于企业成长的价值。

8.1.1　企业全局识别

企业全局识别[4],是为了给所分析的企业找出在本行业中的定位,也就是目标企业的行业位置及其发展状况,如图 8-3 所示,四个象限分别处于领导、生存、发展、守成的状态。处于领导者象限是企业最希望到达的位置,因为此时企业在整体实力的体系、维持、更新和保持上都处于上乘。生存危机者,则意味着企业的当前任务是建立有效的商业模式,为自己的发展创造利润源泉。发展危机者,则意味着企业当前已经摆脱了挣扎生存的状态,但是由于其所处的行业地位太弱,以至于企业的未来发展前景是不可预料的,特别是由于缺乏强大的相对规模,企业很容易在细分市场上由于技术等因素的影响而前途和命运堪忧。守成者,则意味着企业当前处于舒适区,但是由于受到了本行业领导者的挤压和行业创新力量的冲击,这个位置虽然没有生存之虞,却缺乏上升的潜力。守成者的优势是具有足够的动员资源的能力和腾挪空间,所以组织能力上的加强和商业模式的精准分析可以促使其改善目前的处境。

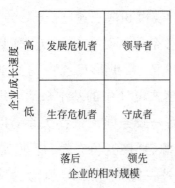

图 8-3　企业全局识别
(来源:文献[5])

全局识别的目的在于,与对手相比较,为企业的当前发展状况提供一个相对准确的行业地位的判断,从而可以确定企业整体实力的现有水平。企业的相对规模,是指目标企业在所处的行业(细分市场)中的相对市场份额以及营业收入规模。这是因为企业的行业地位决定了企业所具备的资源动员能力,以及企业对于谁是主要对手的合理和正确识别。相对规模意味着企业与直接对手的竞争,而不是超越自身当前实力的竞争和成长。企业的成长速度,是企业成长和业务扩展能力的直接体现。无论行业的成长水平如何,目标企业自身的成长速度会决定其在所处行业中的生存和发展能力,这是企业组织能力的直接体现,这种组织能力是企业整合内外部资源的行动能力。

8.1.2　成长高度标注

企业的发展阶段,是一个企业从初创到成长发展过程中无法逾越的。虽然很难使用生命周期来判断企业的发展阶段,但是可以根据企业的全局识别来把企业划分为八个重要的发展阶段[6],分别是:生存、立足、发展、再创业、壮大、稳健成长、超竞争、升华。这些阶段划分的基本原理是:一是企业的相对规模与成长速度协同下的社会资源动员能力。二是企业自我创造成长条件的意愿和利润生产能力,这是商业智慧的逐步升级与发展的分阶。

生存阶段的目的是:让企业存活下去,让企业具有自我创造利润的能力,从而为企业的持续成长创造基本条件。

立足阶段的目的是:让企业在行业中创造自己的生存空间,并可以维持企业的存在,伺机发展。

发展阶段的目的是:企业逐步具有了行业内的较高声誉,从而成为影响甚至冲击(细分市场)领导者的力量。

再创业阶段的目的是:企业具有了相对稳固的市场,但是谋求进一步成长的天性决定了企业会扩大产品线,因此对于资源配置的要求超出了原有业务的要求。这是企业主动地或者被动地进行业务转型的阶段,成长风险很高。很多企业难以跨过此阶段,而无法获得进一步壮大的实力。

壮大阶段的目的是:企业建立起了多产品线的经营能力,商业模式不仅是业务战略,还是企业级的协同效应。

稳健成长阶段的目的是：企业在多个产品线上具有了一定的腾挪空间，业务之间具备了强大的协同效应和范围经济，并且范围经济成了与规模经济同等并存的状态。

超竞争阶段的目的是：企业已经具有了市场的领导力量，从一种企业的力量上升到了社会的经济力量。

升华阶段的目的是：企业成为社会符号，企业力量就是一股重要的社会力量，具有极强的社会动员能力，可以称为经济信仰或者经济宗教。

由此，得到企业成长高度的标注，如图 8-4 所示。不同企业，成长高度标注不一样。企业预期不一样，设定的目标不一样，采取的成长策略、风格与方式就会不一样。在商业模式设计的基础流程里，企业成长高度的标注具有挑战性，因为企业自身也无法预计会发展到什么高度。

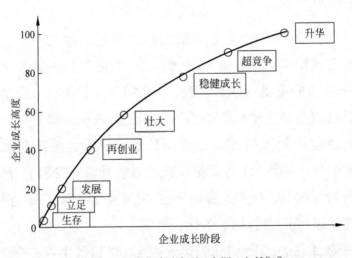

图 8-4　企业成长高度标注（来源：文献[7]）

案例：晨光：小文具做出大企业

20 世纪 80 年代末，晨光从代理文具起家，开始创业生涯，并很快就从代理转为文具生产商。陈升明（晨光文具总裁）表示，是否做生产商这个问题当时其实考虑了很久。因为晨光是从代理起家的，所以对渠道和分销都很熟悉。究竟是向上游发展，还是在下游零售终端发展，这是个问题。最终确定向上游发展、开工厂。理由是向上游发展，如果能有自己的品牌和产品就会更主动，不会因为供应商倒闭或者别的问题而导致受损，所以晨光在上海和广东建立了生产基地，但同时也兼顾流通领域。十几年前，国内的文具市场处于乱战时期，当时跟晨光同时起步的大大小小文具生产商，基本上都忙于做代加工，迅速赚笔快钱。而陈氏兄弟则坚持做自主品牌，沉住气打造产品和建设渠道，坚持下来，终成王者。

作为一家快速消费品企业，晨光文具已建立了 28 个省级配送中心，拥有 1800 多个渠道合作伙伴，3.5 万个零售终端，并且 100% 覆盖 KA 卖场，也就是说，与家乐福、沃尔玛、乐购、罗森等大型超市、便利店建立了长期合作关系。深入而强大的营销网络，保证晨光文具的产品能够在 7 天内抵达中国的每一个城市。而创意也是晨光的核心竞争力之一，晨光的品牌核心价值是"晨光总有新创意"。晨光每年在研发上的投入超过当年销售收入的 3%，在韩国、上海和日本各有一个国际一流的设计工业室，有超过 100 名设计师，并成立面向全球的"市场研究中心"，从消费价值设计、产品工业设计、产品模具开发、包装形象设计到产品推广传播设计。通过建立一体化的工作架构，晨光能够迅速将创意转化成产品并实现销售。

但晨光人自己认为，晨光最大的核心优势还是在于晨光的企业文化。在晨光提到经销商，是不用经销商、代理商或者客户这样的用语的，而是说合作伙伴。为什么非要叫"合作伙伴"？晨光的营销政策和做法，都考虑到了经销商的利益。"有晨光的时候就有了他们，这种合作不是仅仅靠利益来拉动，而是靠企业文化，他们信任我们，认为跟着晨光是有前途的。""我们将快速消费品的渠道分销模式引入文具行业，结合保险行业的直销模式，推出'快速消费品大流通模式＋直销模式'，形成了晨光特有的'伙伴金字塔'模式。"晨光文具从总部到分公司，采用"手把手""师徒制"传统传授的方式，一点点、一步步梳理渠道，通过对一级市场的经销商进行培训指导、规划和团队建设，经过长年累月的渠道建设，终于建立了稳固强大的渠道优势，然后再通过一级市场以同样的方法打造二级、三级市场，直至乡镇农村市场。这个模式结合了传统与现代，效率比较高。因为文具渠道很传统，中国又太大了，要深入三、四级市场人力投入非常大，公司管理也非常麻烦，这种层层投入、层层分享的模式，融入了企业文化和技能，效果突出，投入产出比很高。"晨光伙伴金字塔"模式，采用的是"层层负责、层层分享"的理念，将晨光和所有的合作伙伴打造成一个共生共赢的"利益共同体"。

案例来源：《晨光，小文具做出大企业》《世界经理人》杂志 2010-06-11

案例：晨光文具：渠道大亨

晨光创始人陈升明，手下只有 60 人的渠道运营团队，却通过"中央集权"式的管理模式控制着全国 5 万多家经销商。他的目标是做文具行业的 7-Eleven，把没有品牌、没有形象、没有灯光、没有道具，像杂货摊一样的文具店改造成商品陈列、产品结构定位，装修风格、灯光效果等都符合晨光统一形象的晨光品牌店。

"晨光渠道变革最大的特点是，不是从一张白纸上建加盟体系，而是对原有的分销渠道进行针对性的改造。"陈升明说。晨光的连锁经营模式并非一蹴而就，而是有个循序渐进的过程。2004 年做渠道建设时，晨光开始做店面，文具店名称一半是"晨光"的 LOGO，一半是店名，如"小草文具"，晨光称为"样板店"，这为晨光开展加盟连锁打下了基础。现在晨光的加盟政策中明文规定，样板店有申请加盟店的优先权。

晨光的一种店面形态为"品牌店"，这种店面招牌都是晨光的统一形象，店内进行局部装修，由晨光提供货架等。2009 年正式推进连锁加盟项目时，晨光在四五万家店面中筛选出优秀的店面进行升级包装，变成晨光的连锁店，属于"老店新开"。晨光的加盟店采用整店输出模式，不但给加盟商配置晨光自家产品，还要输出有一定性价比的其他品牌的产品。对于一部分加盟店，原则上要求加盟店 70% 的商品由晨光配送，剩下的 30% 由加盟商因地制宜自主调配。

不可否认，开展连锁加盟需要品牌做支撑。尽管晨光的 LOGO"M&G"已经给消费者留有深刻印象，卡通形象"米菲"更是受到不少人的喜爱。但陈升明却认为："我们品牌意识不算太强，广告以地面为主，几乎没做过高空广告，包括在杂志等媒体上也很少有宣传。"之所以这样做有两个考虑：一、广告宣传如果没有后续支撑会比较空洞；二、文具属于低关注率的消费品，很多人购买时不会因为品牌而去购买，更多人考虑的是产品性价比、设计够不够漂亮等。每年，晨光花在品牌塑造上的费用大概有几千万元。

陈升明下决心规范渠道是在 2004 年。在此之前的两三年间，他一直把扩大生产规模作为重头戏来抓，当时的渠道属于完全开放性的，代理商都是多品牌经营，甚至都有卖 100 家以上产品的省级代理。跟传统分销商讲再多道理没用，关键是要实惠，回报一定要比原来的多才行。"必须建立晨光的专属渠道,否则品牌之间处于'拉锯战'状态,内耗非常严重。"陈升明对这种无序的战争颇有感悟,他将文具品牌间的市场争夺战比喻为一场无休止的行业内耗:"今天代理商多买我两个品种;明天竞争对手多派两个业务员,把我的阵地拉下来;后天我再派一个加强部队上去把高地拿下,过一阵儿敌军力度大一点我的阵地又被敌军占领。整个行业一直在拉锯、在消耗。"当时的经销商根本没有服务理念。陈升明把经销商划归为两类:第一类叫"坐商",坐着等厂家推销产品;第二类叫"行商",要求经销商有做服务的概念。一家批发商代理100 家品牌,当厂家搞促销活动时他肯定来不及跟,压根没精力做服务。

陈升明将公司的培训形式称之为"开两会",晨光每年只在总部对省级的代理商(晨光称之为"分公司")做三次集中培训,1 月、6 月、9 月各一次。开完会后,由分公司去对下线的二、三级经销商进行集中培训。晨光属于总代理再发展二级代理商的渠道模式,正常情况下,该模式渠道纵向非常深,也很宽,分销能力强,但易出现窜货、倾销现象,难以管理,而晨光却做得相当不错。晨光的传统渠道模式也在不断改变,原来的终端市场主要是"店中店"或"店中柜"的模式,现在的专卖店模型则是通过代理商将产品集中起来进行品牌的展示。晨光的样板店、品牌店还属于挂牌授权店,而非标准的加盟店。

在中国,晨光属于渠道混合模式的典范,既有传统渠道,又有新型渠道。有晨光直控的加盟店、授权店,也有批发市场的模式,这种混合渠道比较适合现在中国市场的发展需求。中国市场的特点是,城市之间发展不平衡,商业业态不规整,于是便容易出现过去模式和现有模式相并存和兼容的现象,所以,晨光的渠道混合模式比较可取。

中国市场庞大、分散,渠道管理最让企业头痛,尤其窜货对快消来讲几乎是癌症。诺基亚的每款产品都有身份代码,但依然摆脱不了窜货的命运。与之相比,"晨光的省级分销商没有一例窜货案例,一例都不会有!"陈升明对晨光的渠道操控能力很有信心。"分销商、代理商为什么要窜货?答案很简单,为了利益。它叫短期利益,不是真正的利益。"陈升明根治窜货的最好办法就是"说服教育加思想改造,或者以实际案例说明",让他们意识到窜货其实对自己也是有危害的。除了教育环节,必要时还得辅助一些"非常手段",可能会砍掉一两个代理商,杀一儆百。曾有某省级代理窜货三箱,货值3000 多块钱,被罚款30 多万元之后还在全国经销商大会上自愿承认错误。

案例来源:《晨光文具:渠道大亨》《创业帮》杂志 2010-06-17

上面关于晨光文具公司的案例表明,首先,其商业模式兼具规模经济和范围经济。2002 年晨光公司开始规模化经营,以规模求效益,并扩大产品线发挥范围经济。其次,产品—服务依存关系中销售的产品需要的配套服务基本为零,其产品的性质决定了没有能力对客户进行锁定,因此会出现代理商把晨光和其他品牌混卖的恶性竞争局面。再次,认知一致性方面,晨光清楚文具属于低关注率的消费品,很多人购买时不会因为品牌而去购买,更多人考虑的是产品性价比和设计,因此晨光每年花在品牌塑造上的费用大概有几千万元,创意是晨光的核心竞争力之一。最后,在价值实现频谱方面,晨光选择从渠道进行发力,将快速消费品的渠道分销模式引入文具行业。在渠道发展上不是从零开始,而是对原有的分销渠道进行针对性的改造,免费给文具店换牌装修、改头换面,提高专业化程度。对经营者进行定期的培训,包括商品陈列、结构定位等方面;层层投资、层层分享。做专属渠道,实行每层唯一代理制。渠道发生变化的同时也改变了顾客以及代理商、经销商的认知一致性。认知激活往上走的同时,规模和范围经济也在不断地往上提高。同时,我们也可以发现,每个企业进行商业模式创新时的切入点不同,晨光是从渠道入手,而伊顿纪德则是从认知一致性入手。

晨光的资源是渠道,能力包括开拓渠道的能力、构建局势的能力以及对渠道的承诺、预期。晨光的渠道建设并不是从零开始的,有三种构建方式。第一种方式是地理上,在全国各地建立省级配送中心,发展渠道合作伙伴。第二种方式是关注日常。晨光之所以不从零起步,是因为发现了日常文具店经验活动里存在的问题,于是对它们进行形象改造和升级包装。第三种方式是通过人际。人是很感性的,人和人之间需要密切的接触。晨光把经销商、代理当作自己的合作伙伴,采用"层层负责、层层分享"的理念,将晨光和所有的合作伙伴打造成一个共生共赢的"利益共同体"。

8.2   商业模式创新的预演

8.2.1   思维方式

商业模式创新,首先需要解决的问题是商业模式创新应该以客户为中心

还是企业为中心。（图 8-5）

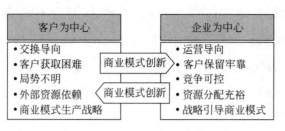

图 8-5　客户为中心和企业为中心思维方式的对比

当以客户为中心时，是以达成交换为导向。此时客户获取困难，企业面临的局势不明晰，依赖外部资源，企业需要从外部获取能量，而不是去调配资源。在此情形下，需关注的是企业的订单是一笔一笔做成的，企业要考虑客户获取的困难程度，而不是认为只要有产品，真正的客户就会自动出现。因此，先有商业模式，商业模式再生成战略。此情形的代表案例有微软 Office 软件和福特 T 型车。T 型车由福特汽车公司于 1908 年 10 月初推出，是世界上第一种以大量通用零部件进行大规模流水线装配作业的汽车。T 型车不仅能在高低不平的路面上自如行驶，而且价格合理，售价从推出时的 850 美元，到 1926 年降至 260 美元，成为世界第一辆普通百姓买得起的汽车，让汽车从奢侈品变为了大众消费品，促进美国自此成了"车轮上的国度"。

而当以企业为中心时，是以运营为导向。企业需提高效率、客户保留牢靠、资源充裕、竞争可控。此时是战略引导商业模式。当企业处于特别强的优势地位时，比如中国移动、沃尔玛、京东等行业领先企业或生态领导企业，可以采用以企业为中心的思维方式。

以客户为中心还是企业为中心的思考方式，没有好坏之别，这是不同企业在不同阶段的不同抉择。

8.2.2　创新方式

1. 渐进还是激进

商业模式的创新方式应该是渐进还是激进？这要考虑在这个过程中企业要做的是逐步改变，还是大步前进的问题。但到底采取的是渐进还是激进的方式是相对而言的。

实践本身具有不确定性和复杂性，企业需要慎重对待，可以选择先从局部要素出发。在创新里与创新相关的有两个词,渐进主义和间断性均衡。一方面,企业要相对稳妥地推进商业模式的演变,因为不知道未来会发生什么。另一方面,企业每走到一定阶段,就会保持一个稳定的状态,然后再前进,再保持稳定状态,因为企业需要一个沉淀、积累、消化的过程。即稳妥推进与阶段性稳定相结合,创新与积累沉淀相结合。企业商业模式创新需要把握好节奏、步调、速度和程度。

2. 元素还是架构

创新还要考虑元素或架构的变化。是从元素演变入手,还是整体架构演变,是需要抉择的。

从时间上来看,企业很难一次改变全部要素,业务从小到大的过程,只能找一个角度切入,或者切入渠道,或者切入产品服务的关系等。在这个过程,可以用一个要素带动其他要素,从而产生全局性的改变。最终实现架构的改进。

8.2.3　互补为约束,商业模式为标准

之所以要提到互补的问题,是因为商业模式创新不应局限于商业模式,还要考虑到它的互补因素。比如企业的组织能力、技术条件、企业人才、管理能力、治理能力以及企业的运营模式、收入模式等。当我们谈到商业模式创新,一定要考虑以上这些必备的条件,它们是商业模式解决不了的,反而是商业模式的依靠。

我们容易观察到,很多创业企业虽然有很好的商业模式理念,但却走向失败,是因为它们没有基本的经营管理能力。德鲁克认为管理是一种职业化的能力,需要专业化的技能。

8.3　商业模式创新的基本策略

商业模式创新有三种最基本的策略,第一是改变元素,第二是改变架构,第三是元素与架构的组合改变。

8.3.1　元素改变

改变元素包括单个元素改变和多个元素组合改变。也就是说,商业模式

基础框架里面的认知一致性、价值实现频谱、产品—服务依存关系三个元素都可以作为变革的首选对象。

比如，用友公司最开始做财务软件的时候，着力点就是单个元素的改变，从手工账到电子账。当发展到 ERP 软件的时候，就是认知一致性、价值实现频谱、产品服务依存关系多元素的改变。同样地，晨光从渠道开始，实际上它同时改变了两个元素，一个是渠道，一个是认知一致性。在改变渠道的过程中把代理商、经销商、客户的认知发展也同步地做起来了。

8.3.2　架构改变

架构的改变包括两种方式：即规模经济导向和范围经济导向。规模经济导向强调生产量，是很多企业最愿意采用的方式。最典型的例子是工业产品，一旦掌握生产的技能，学习曲线会迅速下降。做好规模经济以后很多企业就会向范围经济方向发展。此处，晨光公司就是典型的例子，从起初只生产书写笔到现在涵盖各类文具。正如小餐馆不会只卖一种菜品。另外，规模经济的具体体现还包括像用友财务软件产品化、小米手机批量化、苹果手机机型少量化等成功的最佳实践。

那么，企业为什么要获取范围经济？第一是可以把原来的资源充分地利用；第二是可以防范风险。范围经济的代表性实践包括用友公司从财务软件做到 ERP 软件、云服务多元化，小米从手机扩展到加湿器、插座等多元化，京东从电商扩展到物流服务、金融服务等。

商业模式的设计架构是随着经济特性而改变的，不是每个企业都能顺利达成的。比如，顺丰速运定位于高端物流，如果往低端低价延伸产品线则相对容易。形成对比的是，其他物流公司已经形成了低端产品的特点，往高端转变则很难。其实，企业已经形成的针对特定业务的商业模式架构，也很难发生转变。所以面临成长的压力，企业往往想办法做多元化，拓展产品线，因为企业在任何一个市场达到一定的成长高度后就会受到一定历史条件的限制。

8.3.3　元素与架构组合式改变

苹果公司的 iPhone 手机业务是元素与架构组合式改变的经典实例。苹果公司的商业创新在于它不仅是手机硬件和软件所带来的商业模式认知一致性等元素的转变,而且改变了构建生态系统的方式。手机不再是单台的个体,它改变了商业模式的基本结构,从一个单一企业的思考方式变成一个生态体系的思考方式,所实现的规模经济不仅是结果,更是引发商业模式架构变革的驱动力和基本治理依据。

以上提到的单个元素改变、多个元素改变,以及元素与架构组合改变的理论依据是熊彼特[8]提出的组合创新。熊彼特对创新的定义是:"做不同的事情,把不同事情之间的组合作为创新的一种基本方式。"熊彼特认为,所谓创新就是要"建立一种新的生产函数",即"生产要素的重新组合",把一种从来没有的关于生产要素和生产条件的"新组合"引进生产体系中去,以实现对生产要素或生产条件的"新组合"。因此,商业模式创新的基本参考方式就是组合。我们应该把商业模式看成一个可动态调整、发展变化的架构或者结构,在这个基础上就有调整的余地了。

商业模式的元素或架构的演变实际上就是一种创新。不是只有革命性的巨大变化才算创新。创新包含两个方面的判断,一方面是相对于提供商或者企业是新的;另一方面是相对于市场或者客户是新的。在创新的过程中有很多种方式,一种称为变化(change),一种叫转变(transformation),还有一种是反映(response)。

创新包含两种方向,一种是向外思考导向,另一种是向内思考导向。比如,设想晨光的渠道还可以卖什么? 零食、矿泉水、童装……这属于向内思考。如果向外思考,企业可以把原来直营销售渠道变成加盟连锁,或者重新构建大家对产品的认识,通过产品—服务关系的转变,让行业性质、形态发生变化。同时,商业模式创新的方向在商业模式的要素上会呈现对立。

(1) 一种方向是不需要服务或者服务简单化,比如电脑等工业产品大批量标准化生产;另一种方向则是加上一些服务,比如服装行业提供服装定制服务,4S店由原来单纯卖汽车到提供贷款等金融服务。

(2) 一种方式是认知发展,另一种方式是认知降阶。

(3) 一种方式是频谱扩大,另一种方式是频谱收缩。

(4) 一种方式是提高规模(与范围)经济,另一种方式是降低规模(与范围)经济。

简言之,商业模式的基本框架作为架构提供了创新思考的空间。

8.4　本　章　小　结

1. 本章主要内容

（1）商业模式设计的基础流程，依据 TCH 的基本原理而构建，目的是建立起分析和设计商业模式的基本框架。

（2）企业全局识别，是为了给所分析的企业找出在本行业中的定位，也就是目标企业的行业位置及其发展状况。包括两个评判要素：企业的相对规模和成长速度。

（3）在商业模式设计基础流程图里，企业需要通过成长高度标注来判断企业的发展阶段。

（4）商业模式创新的基本方式是组合。商业模式创新有三种最基本的策略，一是改变元素，二是改变架构，三是元素与架构的组合式改变。

本章内容结构，如图 8-6 所示。

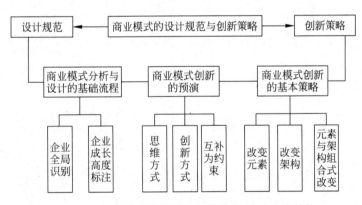

图 8-6　"商业模式设计规范与创新策略"的内容结构

2. 启发思考题

（1）在商业模式设计的基础流程中，企业为什么需要进行全局识别？

（2）在商业模式设计的基础流程中，企业为什么需要进行成长高度标注？

（3）请分别列举三个你熟悉的企业案例，说明它们的商业模式创新路径分别对应的元素的改变、架构的改变以及元素与架构的组合改变。

（4）商业模式的创新策略，除了"组合"以外，还有什么样的策略或艺术？

8.5 参考文献与注释

［1］ 顾元勋 著(2014). 拉得上的手：商业模式设计的逻辑. 北京：清华大学出版社. P. 210.

［2］ 顾元勋 著(2014). P. 211.

［3］ 顾元勋 著(2014). P. 210-213.

［4］ 顾元勋 著(2014). P. 217.

［5］ 顾元勋 著(2014). P. 212.

［6］ 顾元勋 著(2014). P. 213-215.

［7］ 顾元勋 著(2014). P. 215.

［8］ Schumpeter，J. A. (1934). The Theory of Economic Development. Cambridge，MA：Harvard University Press.

［9］ 案例来源：《世界经理人》. 2010-06-11.《晨光，小文具做出大企业》. http://www. ceconline. com/ mycareer/ma/8800056252/5713165701/.

［10］ 案例来源：《创业帮》2010-06-17.《晨光文具：渠道大亨》. http://magazine. cyzone. cn/article/ 198491. html.

第 9 章

商业模式设计的分析方法：TCH 矩阵

商业模式的概念给出了商业模式的定位，解决了什么是商业模式的问题。商业模式设计的参考框架提出商业模式的设计逻辑，解决了如何设计的问题。以规模经济（和范围经济）为企业成长过程的评价目标，提出了商业模式的基本评价准则，解决了通过什么来评估商业模式设计效果的问题。认知一致性以认知资源的发现和利用为目标，解决了如何与客户达成购买决策的问题。价值实现频谱以满足客户的方式为目标，解决了企业实现客户价值的方式。产品—服务依存关系分析了企业提供价值载体的形态，解决了满足客户需要的价值载体的判断。本书通过以上分析把商业模式设计的逻辑关系和结构勾画了出来。为了进一步体现商业模式设计的可操作性，有必要把这个逻辑关系可视化地表达出来，因此，本章提出了商业模式的设计矩阵。

9.1 商业模式设计的可操性：商业模式设计矩阵

商业模式设计是复杂的过程，如何系统、全面、合理地进行商业模式设计，不仅是企业经营的核心，也是高级管理者持续关注的工作核心。目前缺乏支持进行商业模式设计的有效方法，以帮助经营决策者进行商业模式设计的操作，因此有必要提出和建立专门针对商业模式设计的方法，以为经营决策者提供进行商业模式设计的基本分析方法。已有文献建立了概念型的商业模式，但仍然缺乏可操作性的手段/方法支持，本章则通过商业模式设计矩阵实现了可视化的商业模式。

当产品在企业与客户间的通道中流动时，横向上，有三种基本的方式来实现交付，即专家型、专业型和社会型的价值实现频谱；纵向上，企业的市场提供存在着产品—服务间的依存关系，即共栖、共存和寄生关系。首先，在企业与客户之间存在连接（即 U-V）。其次，把 U-V 横向展开，可以看到价值实现频谱。再次,把 U-V 纵向展开,可以看到产品—服务依存关系。最后,形成了商业模式的设计矩阵——TCH 矩阵[1],如图 9-1 所示。

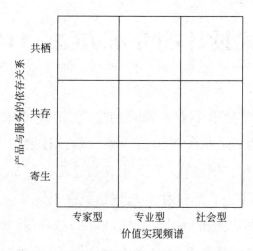

图 9-1 TCH 商业模式设计的九格矩阵(来源:文献[1])

商业模式设计矩阵体现了客户(U)、企业(V)之间的连接,关键是反映了企业与客户之间的价值交换物——产品和服务的特性对于商业模式设计的根本性作用,以及客户价值的实现方式——价值实现频谱。这样,商业模式设计矩阵还原了商业交易的本源:价值转换和实物易手。商业模式设计矩阵外在以价值实现频谱和产品—服务依存关系为两个表现维度,内在以规模(与范围)经济、认知一致性为内涵。产品(服务)可能不是一个提供商完成,因此 V 可能是一个主导型的角色,也可能是一个补充性的角色[2]。

运用 TCH 矩阵可以判断出当前商业模式所处的位置。当提到商业模式的时候,首先是一种抽象的表达,然后变成一组具体的要素,具体要素组成了一个不断运转的架构。当对商业模式的当前状态做判断的时候,就需要一个相对准确的定位,这是 TCH 矩阵有意义的地方。

9.2 商业模式设计矩阵的动态分析

商业模式的设计矩阵的应用,既可以作为企业定位系统,也可以作为企业成长演变的观测器,如图 9-2 所示。当谈到商业模式设计矩阵,需要关心两个问题,第一个问题是"定位",即商业模式一开始处于什么位置;第二个问题是"迁移"，即商业模式会朝哪个方向演变。

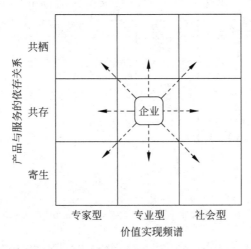

图 9-2　商业模式设计矩阵的企业定位与演变（来源：文献[3]）

9.2.1　定位

首先，通过商业模式设计矩阵，把所观察的企业定位于矩阵中的一个格子单元。其次，分析企业商业模式转型的基础条件。如果企业的转型起步于不同的基础（如外部资源、已有经验、组织能力等），那么对于商业模式的创新与实现会产生不同程度的影响。（Ⅰ）对于初创/成长型企业的商业模式等于从零再造，（Ⅱ）成熟企业/大型成熟企业或者行业成功企业的商业模式再造，不是从零起步，可能正，也可能负。但是（Ⅰ）与（Ⅱ）的商业模式演变是不同的，（Ⅰ）与（Ⅱ）都得遵循频谱的基本原理，只不过（Ⅰ）与（Ⅱ）的起始矩阵方格位置不同，也就是初始的企业定位不同，如图 9-3 所示。所标示的（Ⅰ）和（Ⅱ）的位置是相对位置，即（Ⅰ）更可能的起点位置是处于专家型价值实现频谱，而（Ⅱ）更可能的位置是专业型和社会型价值实现频谱[4]。

对于商业模式如何定位，这里有两种方法，即相对定位法和绝对定位法。

对比地看，可进行业务战略分析的波士顿矩阵由两个维度构成：销售增长率和相对市场占有率。此时，成长的速度不是相对而是绝对的，成长速度快或慢可通过调查数据而得到；而市场占有率不是绝对而是相对的，是因为需要和同行或主要对手比较才有意义。因此在 TCH 矩阵里还需要考虑相对和绝对的问题。绝对的定位是有难度的，当有一个对标物或者参照物形成锚

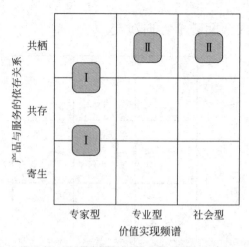

图 9-3　商业模式设计矩阵的企业起点定位差异（来源：文献[4]）

定对于判断更有意义。也就是，和企业的竞争对手或者对标业务进行比较，然后看自己处于什么位置，这才是比较合理的方法。比如，如果在 2018 年提出这样一个问题：京东可以长到多大的体量，我的判断是 15000 亿都不是问题。这取决于和谁做比较。如果京东和自己比较，它已经达到极限了。但如果跟沃尔玛比较，它还属于小企业，连沃尔玛的 1/5 都没有。在相对定位中，如何合理地找到一个准确的对标者或者竞争对手非常重要。

绝对定位法是指企业要准确衡量自己的真实水平。这对于大部分企业来说，很难判断，因为缺乏一个比较对象的时候会把握不准。因此在市场竞争格局下，相对定位更有意义。

9.2.2　迁移

从商业模式的定义出发，虽然商业模式可以基于相同的分析单位——调谐来刻画，但是从商业模式的设计矩阵可以看出，商业模式对于企业而言不是一个固定的形态，存在着商业模式的形态在矩阵的格子之间迁移的可能。更合理的应该是，这种迁移是企业发展过程中随着竞争和自身的发展而做出的适应性调整。因此，对于一个特定的企业，需要结合其自身的条件，从规模经济、认知一致性、价值实现频谱、产品—服务依存关系等着手进行分析才能给出准确的迁移路线的判断。因此，商业模式的状态转换，不是基于战略或者组织能力做出的判断，而是在企业与环境的界面上重新构筑了指导企业进行整体决策的机制（参见商业模式概念分析的相关内容）。理解商业模式的状态转换，需要观察和分析企业所提供的产品（和服务）的演变过程。如果这个产品本身的特性发生了变化，比如产品系统的复杂性降低了，则与产品配套的服务需求会发生变化，导致服务和应用技能的学习曲线升降，那么就应该思考认知一致性的内容和维度的变化。由此，可以判断价值实现频谱是走向更加专业化的分工，还是走向更加社会化的普及。并且，企业规模（与范围）经济的水平也会随之改变，从而引起企业对于资源配置的调整[5]。

　　某一企业滑动的位置，不仅与企业定位的迁移相关联，还取决于产品知识密集度门槛的高度（V-U 关系），三类价值实现频谱和产品—服务依存关系共同反映了企业成长过程中商业模式路径选择的基本判断标准。规模（与范围）经济，甚至网络效应、外部经济等，反映了价值实现的内驱力，但不是商业模式的本质，而是商业模式在每一阶段（滑动点/矩阵位置）的当前/局部优化决策结果。

1. 迁移方法

　　确定起点后应该怎么迁移？迁移幅度要多大？变革方式应该多激烈？可以简单地划分为两种，一种是短期策划，一种是长期谋划。短期策划是落实后可以看到结果的行动，长期谋划不是商业模式要解决的问题，它涉及长远战略目标、战略意图的制定。短期来看企业要立足于生存，而长期则侧重于发展。如果把短期和长期混淆到一块而没有严格区分，那对企业执行或者制定政策会带来不利的冲击与影响。

2. 迁移动机

　　迁移过程中的动机可以分为认知导向和经济导向。认知导向是通过认知的改变，逐渐地转变价值实现频谱以及产品—服务关系；经济导向就是追求规模和范围经济。企业的产品从低端走向高端是认知导向驱动；而产品从小范围向大范围普及则是经济导向驱动。从低端向高端转变的例子有海尔、格力，它们的产品最初以质量好、功能优而出彩，逐步地建立口碑、形成品牌。产品层次变化较小，但是普及范围与规模越来越大的例子有格兰仕、小米、美的。而微信则是兼顾了经济导向与认知导向。

3. 迁移力度

　　在迁移力度方面，有激进和渐进的区分。企业要控制好发展节奏，如果企业变革太快、发展太快，超出自身所能承受的能力范围，或者认知没有跟上,就会对企业产生不利的影响。

4. 迁移结果

迁移到最后会出现三种结果:成功、不成功与不确定。成功与否是看目标是否达成,而不确定是指出现所谓的"障眼法",就是一时无法为大众所理解与接受。比如,京东最开始自建物流,国美从卖家电扩展到卖手机、电脑等通信设备,到后来又卖黄金,这在当时是不被人看懂的。另外,不确定还有一种情况叫抉择或者挣扎。所以企业很可能会同时并行多个业务尝试,再试探着一步步摸索。

商业模式的参考框架及其详细分析,既可以作为静态的一个时间点/横断面上的状态描述,也可以用来分析一个过程/纵贯的动态演变。从而商业模式设计矩阵提供了以调谐为分析单位的商业模式设计的路径分析方法。

9.3   商业模式动态演变轨迹

商业模式设计考虑了企业的成长过程,认为企业不是处于一个稳定的状态,而是处于微、小、中、大、巨等不同规模上。支撑企业价值实现的战略在变化,即从专家型到专业型再到社会型,实现了产品(和服务)交付策略的软硬结合。硬交付包括渠道、配送、生产、外包等,软交付包括广告、口碑、营销等,这样在频谱和产品—服务依存关系上就形成了有机的衔接,即产品—服务的主导关系(共栖、共存、寄生)与服务提供和产品—客户界面的应用技能需要紧紧地依靠频谱。同时,认知一致性则是企业能够获取新客户和持续保留老客户存量的基本原理,唯有如此,才能实现 V-U 间的交换[6]。

接下来,以小米和用友两个企业为例,通过商业模式矩阵,具体分析二者商业模式演变的相同点和不同点。

如图 9-4 所示,2010 小米的产品和服务二者均衡,属于专家型渠道,主要是靠"粉丝"来推广产品,且"粉丝"本身有专业技能;2012 年渠道变成专业型,销量增加,产品逐渐标准化;2015 年,面临 OPPO、vivo、华为、三星等品牌的强势竞争,小米选择在互联网上销售,即大面积铺开网络渠道,渠道变为社会型。但由于定位没有苹果高端,品质并不十分出众,因此市场表现欠佳。于是到 2019 年又转为专业型频谱,开设小米之家,做线下体验店,打造品牌的技术水准、体现专业水平、塑造企业的形象。

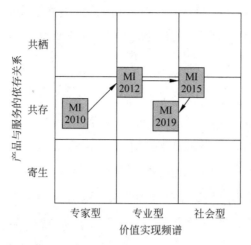

图 9-4 商业模式设计九格矩阵——小米手机

如图 9-5 所示，用友公司与小米不同，是先有产品再有服务，最初客户数量少，位于专家型频谱。用友自 1991 年走向专业化，招募代理开设分公司，是中国软件公司中第一家建立渠道的公司。自 1999 年起，用友公司一直在往社会型频谱扩展上努力，但因为产品特性决定了不可能达到这种理想状态。在这个过程中，用友一直强调产品与服务的紧密关系。这取决于两个方面，第一是产品的特点决定了需要配套的服务，第二是提供的服务有没有变成一种社会上普遍认可的能力。来到 2005 年，用友 ERP 产品获得市场领导地位后，渠道的发展是"往回走"，回到了专业化方向上。公司自己培养顾问，积累了大

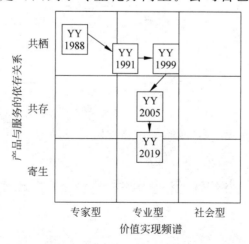

图 9-5 商业模式设计九格矩阵——用友软件

量的顾问和代理,产品和服务相对分离,合作伙伴可以自己提供服务,而不用公司直接派人。到2019年,用友走向了明确的云化服务战略方向,专业化能力更强,对服务的要求也越来越高。此时服务占据重要的地位,也就是服务会引导产品的发展。

如图9-6所示,在TCH矩阵中,把小米和用友两个公司叠加在一起,会发现它们有三个重合的地方。第一个重合是,它们都有走向专业型频谱的过程。企业在专家型频谱上滞留的时间越长,就成长得越慢,几乎没有企业不尝试走向专业化频谱。因此,企业采取的基本扩张方式有招募代理或者开分公司。此时,企业一项关键任务就是拥有专业性的品牌,而且产品需要依赖服务,产品可以推动服务的发展。第二个重合是,每个企业都想转变为社会型频谱。这不仅是扩张的需要,也是提高市场推广效果、促进产品标准化的需要。然而,同时这会存在一个弊端,那就是产品越标准、越简单,越容易被替代,对手越容易进入。凡事都有两面性,因此企业会走向第三个阶段,试图在专业型频谱和社会型频谱之间找到平衡点,也就是第三个重合的地方。这个迁移与转换过程意味着在价值实现频谱和产品服务依存关系转变的过程中,企业需要不断地斟酌节奏和步幅。

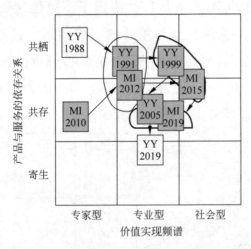

图9-6 商业模式设计九格矩阵——用友 VS 小米

9.4 TCH 商业模式设计的基本命题

彭罗斯[7]探究了企业成长速度和方向,钱德勒[8]则把企业的成长高度锁定在大型企业,而TCH则为企业的成长高度变化提供了分析方法。通过价值实现频谱的演变、认知一致性的梯子高度保持、产品—服务依存关系的转换可以看出，企业的特定规模对于相应的组织能力建立和保持不是处于商业模式设计矩阵的同一个格子之中，而是随着 TCH 分析结构模型中的元素测度的变化而变化。因此，TCH 实现了企业成长高度演进轨迹的统一，即企业从小到大的规模演变过程是可以通过 TCH 分析结构的要素变化来观察的。企业在成长的过程中，不仅不断地追求价值实现频谱的变化和产品—服务依存关系的转换，而且还要保持和维护认知一致性梯子的高度[9]。

　　商业模式的设计矩阵，可以用于定位分析企业的商业模式状况。在关键概念的相互关系下，探索和解释研究是否存在成长方式的迁移，类似"原子能级跃迁"：从专家型到专业型到社会型，企业在不同阶段驻留的时间长短决定了竞争优势和规模（成长发展水平和高度），由此可以得到系列命题[10]：

　　命题（P 9.1）：专家型驻留时间越长，企业越容易被对手拉开差距；专家型驻留时间越短，企业越容易成功。

　　命题（P 9.2）：社会型战略主导力越强，企业规模效益越好，越促使企业产品、服务走向更高程度的标准化和外显性的低知识密集状态（内在不一定低知识密集）。

　　命题（P 9.3）：外部认知水平越高，企业越容易采用专家型；市场环境/社会环境的外部认知水平越平均化，企业越容易采用社会型。

　　推论（C 9.1）：与产品（和服务）相关的社会学习曲线的下移幅度决定了企业的频谱位置。

　　推论（C 9.2）：产品标准化有利于规模经济，但是认知一致性水平降低后，标准化的产品会由于（价格）竞争/同质化而引起规模经济的边界出现，因此企业需要产品化策略和认知一致性的提升策略组合使用才能保障利润。而认知一致性水平越高，越能够阻止竞争对手进入。因此，企业规模经济竞争的背后需要认知一致性的梯子升级，即规模经济能力越强的企业，越需要提高其在认知一致性梯子上的高度。

　　推论（C 9.3）：服务是增强认知一致性的有效手段，有利于加强与客户的沟通，但是不一定有利于增强规模经济的能力。那些与产品所配套的服务，与客户联系得越紧密越能够增强认知一致性的梯子高度，但是产品与服务共同产生的认知一致性（交互作用，不是调节作用）与竞争对手的差距越大

（领先或者落后），越不容易为企业产生规模经济优势——因为客户可能达不到这种高度（领先对手和客户），或者客户已经超过了这种高度（落后对手和客户）。

总结来看，商业模式设计矩阵实现了理论与行动的统一，提供了动态演变的商业模式设计方法。TCH不是把商业模式看作是一个静态时间点（横断面）上的状态，而是看作一个过程（纵贯轴）上的动态构造，这可以通过商业模式设计矩阵中的企业定位和状态转移而实现行动分析。实际上，这些命题也是商业模式设计的基础行动策略。这样，商业模式设计的思考逻辑，从组织"效率"转变到了组织"效力"，前者强调创新和效率[11][12]，后者强调企业成长和规模（与范围）经济的实现[7][8]，从而把商业模式的中心从关注价值创造转变到了关注价值实现，也就是从预期的价值转变到了实现的价值。这也启示我们在价值创造和价值实现之间存在着偏差：一方面，价值创造有可能不能被完全实现；另一方面，价值创造可以与价值实现过程伴随。价值实现是企业经营的宗旨，而价值创造是企业经营分析的必要条件和思考起点。基于价值的战略[13]，其中所创造出的价值是思考分析企业经营的启示线索，但这个价值不应该具有稳定的数值。当不同的企业处于商业模式矩阵的不同位置上时，价值实现的效果存在着极大的差异，因此创造出的价值必须与价值实现频谱、认知一致性、产品—服务依存关系一起思考，并结合企业的组织能力，才能给出价值的最终判断。TCH商业模式设计，可以分析企业为何和如何（Why & How）产生了不同的成长效果。

9.5　本章小结

1. 本章主要内容

（1）商业模式创新与设计的方法：TCH矩阵。

（2）商业模式设计矩阵外在以价值实现频谱和产品—服务依存关系为两个表现维度，内在以规模（与范围）经济、认知一致性为内涵。

（3）商业模式设计矩阵的应用，既可以作为企业定位系统，也可以作为企业成长演变的观测器。

（4）不同企业在商业模式设计矩阵中初始定位不一样，定位方法包括相对定位法和绝对定位法。

（5）商业模式对于企业而言不是一个固定的形态，存在着商业模式的形态在矩阵的格子之间迁移的可能。迁移方法包括短期策划法和长期策划法。

（6）综合运用 TCH 商业模式模型和设计矩阵，可以实现对企业成长节奏的理解和把握。

本章内容结构，如图 9-7 所示。

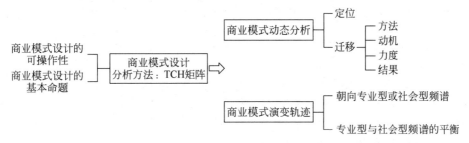

图 9-7　"商业模式设计分析方法：TCH 矩阵"的内容结构

2. 启发思考题

（1）举一个你熟悉的企业案例，它在商业模式设计矩阵中是如何定位和迁移的？

（2）如何判断一个企业的迁移路线是否正确？

（3）针对商业模式状态的转换与创新，TCH 商业模式设计矩阵视角出发与战略视角出发，二者的区别在哪里？

（4）企业应该如何面对商业模式设计矩阵下迁移结果的不确定性？

（5）如何理解 TCH 矩阵中商业模式迁移的节奏？这个节奏会受到哪些因素的影响？

9.6　参考文献与注释

［1］　顾元勋 著(2014).拉得上的手：商业模式设计的逻辑.北京：清华大学出版社.P.180.
［2］　顾元勋 著(2014).P.181.
［3］　顾元勋 著(2014).P.182.
［4］　顾元勋 著(2014).P.183.
［5］　顾元勋 著(2014).P.184.
［6］　顾元勋 著(2014).P.195.
［7］　Penrose,E. T. (1959). The Theory of the Growth of the Firm. New York,NY：John Wiley & Sons.

［8］　Chandler，A. D. ，Jr. (1990). Scale and Scope：The Dynamics of Industrial Capitalism. Cambridge，MA：The Belknap Press of Harvard University Press.

［9］　顾元勋 著(2014). P. 199-200.

［10］　顾元勋 著(2014). P. 186-188.

［11］　Amit，R. & Zott，C. (2001). Value Creation in E-business. Strategic Management Journal，22 (Special Issue)，493-520.

［12］　Zott，C. & Amit，R. (2007). Business Model Design and the Performance of Entrepreneurial Firms. Organization Science，18(2)，181-199.

［13］　Brandenburger，A. M. & Stuart，H. W. ，Jr. (1996). Value-based Business Strategy. Journal of Economics & Management Strategy，5(1)，5-24.

第 10 章

商业模式启动与实施

商业模式创新需要一个落地的过程，即实施或者执行。本章以创新扩散为基本的理论参考，并将其应用到商业模式实施上。商业模式创新中很重要的一项就是谁来做决定。另外，当商业模式启动后，在实施过程中仍会遇到许多障碍。因此，围绕商业模式创新，谁来做决策（启动）？碰到问题如何处理（实施）？这是我们本章要分析解决的问题。

10.1 创 新 扩 散

10.1.1 创新扩散的定义

罗杰斯认为创新是一种新的想法、实践或者对象[1]。新和旧在企业组织和客户两个角度来判断是不一样的。创新相对于不同对象有不同判断。苏宁和美的 U 净对于所在企业组织来说是新事物，但对于客户而言却并不是，其实市场上已经存在许久。

创新扩散是指"一项创新随着时间的推移通过特定渠道在社会体系的成员之间传播沟通的过程"[1]。这是一种特殊的交流方式，因为所传递的信息都与新思想有关。在这个过程中，参与者创造和分享信息，以达到相互理解。

创新的扩散需要时间，并不是每个人都能在同一时间采用某一项创新。罗杰斯提出，创新采用的曲线从左下到右上呈"S"形[1]，如图 10-1 所示。左下方曲线的斜率表明创新采用率开始是较低的，随着创新被迅速采用，采用率随之快速增长。曲线的上部表示某项创新能够被后期采用者采用所需经历的时间。由此，创新者被分为五类：创新者、早期接受者、早期主体、晚期接受者和滞后者。

当一个商业模式做出改变，或者出现一种新的业务方式，如果大家的理

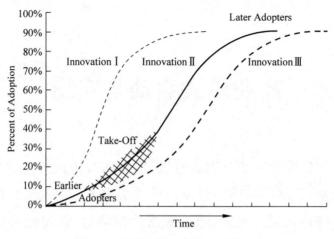

图 10-1　扩散过程（来源：文献[1]）

解不能达成一致,这时高管决策的优势就能显现出来,通过权威的方式把事情推进,这是创新扩散的第一项。第二项就是在这个过程中要尝试多种渠道,比如会议、命令或宣传。

我们为什么需要依据创新扩散来理解商业模式的实施?因为当创新商业模式的时候,它会涉及新事物能否被别人理解的挑战和问题。奇虎360在最初推出免费杀毒软件时,很多人无法理解。在做免费杀毒之前,360在网上给其他品牌的杀毒软件做代理销售,每年有将近2亿元的收入。一旦做免费杀毒,就意味着360跟所有的杀毒公司成了敌人,每年2亿元的收入也就泡汤了,因此遭到了投资人的强烈反对。除了内部反对意见,外部也有很大的压力,网上出现了大量的攻击性文章。有的说免费没好货,360免费杀毒不专业,杀不了病毒,是花架子;有的说360推免费杀毒,背后有不可告人的目的。在当时没有人认为杀毒应该是免费的。当一种新的商业模式刚开始提出来的时候,都会涉及人和人之间观念的冲突以及判断上的差别。

10.1.2　创新的阶段

罗杰斯把创新分成了几个阶段,包括生成阶段、决策阶段、启动阶段、再决策阶段和实施阶段,如图10-2所示。

1. 生成阶段

第一步是生成阶段。企业通过信息的搜集、概念化、预测、可视化以及规划提出新想法。在这个阶段,如何让人们顺利接受创新提案是最棘手的事情。对于未来不确定性的担忧会使大部分人不愿意冒险。

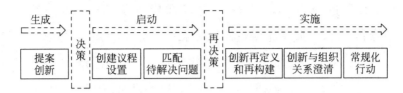

图 10-2　创新的阶段与流程图

2. 决策阶段

创新提案生成后,就需要企业进行判断和决策。此时,第一个难题是企业能提出多少备选项。苏宁从线下转到线上再到线上线下融合发展,决策在不断发生改变。当一个企业存在多种混合业务的时候,它能提出多少个议案和备选项是特别有挑战性的事情。在这个过程中会涉及很多专业知识,需要专业人员对行业生态有本质性的了解,此时内行或专业人士的知识和经验就相当重要。

第二个难题是不知道采取什么样的决策策略。业务的简单性和复杂性也影响决策。还包括其他因素,可以详见"购买决策的权变因素"那节里的具体内容。当企业开始一个新业务,涉及对未来的不确定性,不敢全力投入,这是有风险的。

3. 启动阶段

决策完毕后企业进入启动阶段。第一步是创新议程设置。企业启动的时候应该从哪开始?美的 U 净起步于价值实现频谱;小米起步于客户接受;韩都衣舍借助互联网渠道,从消费者的决策开始起步。这些企业启动阶段都不是全面推进的,而是寻找一个入手点。企业是否全面推进取决于业务的复杂性,以及业务特点、资金、经验等。第二步是匹配待解决问题。企业在运营过程中会不断地产生出新问题,这就需要及时识别,找到问题的解决办法。

4. 再决策阶段

在启动以后,继续推进的过程中会出现新的问题,因此企业需要再决策,这就得进行创新的再定义和再构建。很多企业在创新途中会走偏,重要原因之一是不能很好地重新定义创新来及时适应内外情境条件的变化。

5. 实施阶段

首先,通常情况下,一项创新不会和组织完全匹配,因此必须对其进行修正和改进以适应组织的文化、结构以及其他方面。其次,创新实施需要组织方面的支持,组织自身也可以进行调整来适应创新,比如可以组建一个新部门来监控和维持创新。随着创新被广泛采用,要帮助每个人都理解创新的目的、意义与功能。这一阶段涉及识别和纠正人们采用创新时可能产生的误区与副作用。最后,创新行为需要沉淀为常规性行动,让创新成为每个人的习惯或惯例,积累为企业的能力,变成企业的优势。在实施阶段,当企业完成了创新的再定义和再构建、创新与组织关系的澄清以及常规化行动以后,创新才能落地,才会变成现实。

韩都衣舍在实行新的商业模式时遇到的挑战有,高管做了决策,但执行的时候没有效率。于是企业采取试点方式解决,将员工分成两组,一组遵循传统的模式管理,一组实行小组制管理。后来小组制模式在全公司推行,也就是现在我们说的阿米巴经验模式。韩都衣舍里很重要的变化就是组织支撑平台,各个小型的事业部之间形成了很好的内部竞争,内部沟通更顺畅,决策权力下放。由于单个人的决策能力是有上限的,因此把决策权下发才能保证公司同时能够处理大量信息。同时,由于未来的环境不可预测,越是变化快的行业,或者新兴的发展迅猛的行业,不确定性就越强。所以,企业在日常决策的工作信息不应来自总部,而多来自市场的快速和积极反馈。

10.1.3　影响创新扩散的因素

创新扩散过程受到以下因素的影响[1]:

第一是文化和规范。新技术和新生的行业更容易接受新东西,而保守、传统的企业则恰恰相反。

第二是学习。学习时间越长,越熟悉,学习成本越低,学习速度越快,这也是一项很重要的方面。

第三是决策。谁来做决策,在什么地方做决策,也会影响创新的扩散。决策程序冗长,或者决策时机节点不恰当都会对创新产生不利影响。

第四是接受的过程。每个人对创新的接受快慢不一样,因此分为了上文提到的五类创新者。

第五是创新本身的特征。

第六是观念领导与变革。即谁把创新想法带入组织或市场。

10.2　创新与组织变量

创新结果与组织紧密相关。组织的复杂性、正规化、集权化会影响到创新启动阶段和创新实施阶段[2]（表 10-1）。在复杂性方面，组织越复杂，越容易提出创新，但是越不容易实施创新。在正规化方面，正规化的组织不容易产生与提出创新，但一旦做好创新决策，实施起来相对就很顺利。集权化组织也是如此。

表 10-1　组织变量对创新启动与实施的影响（来源：文献[2]）

	创新启动阶段	创新实施阶段
复杂性	＋	－
正规化	－	＋
集权化	－	＋

注释："＋"表示促进；"－"表示抑制

由此，我们可以认为新型企业和传统企业的差别在于新型企业规则约束少，但新想法、新产品多。而传统企业规章制度比较严格，创新需按照程序一步步走，烦琐的步骤就会对创新产生约束。

因此，商业模式创新的结果最终是通过一个不断发展变化的动态组织体系来预测的。也就是组织的变量如复杂性、正规化、集权化的程度高低，是预判商业模式创新和实施的重要方法。

10.3　商业模式创新实施的挑战

关于商业模式创新实施中的挑战，首先是时机，包括企业发展阶段/周期、市场/产业结构判断以及竞争对手的行为。

其次是方向，分为三个维度。第一个是 TCH 的逻辑维度。商业模式设计四个维度每一个都可以作为入手点，它们的逻辑是不一样的。第二个是组织能力维度，包括技能和设施。第三个是战略、运营和收入的维度，前面提到过它们与商业模式形成重要互补关系。企业有时候可能通过战略、运营和收入的角度来突破，形成一个新的商业模式。

最后是实施力度的问题，包括持续改进和颠覆式创新。

10.4　本 章 小 结

1. 本章主要内容

（1）创新分为五个阶段，包括生成阶段、决策阶段、启动阶段、再决策阶段和实施阶段。

（2）创新者可以分为五类：创新者、早期接受者、早期主体、晚期接受者和滞后者。

（3）组织的复杂性、正规化和集权化会影响到商业模式创新启动与实施的效率和效果。

（4）商业模式创新实施面临的挑战包括时机、方向和力度三个方面。

（5）商业模式的创新结果可通过"组织"来预测。

本章内容结构，如图 10-3 所示。

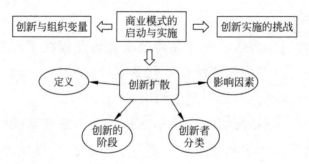

图 10-3　"商业模式启动与实施"的内容结构

2. 启发思考题

（1）影响企业商业模式创新启动的因素有哪些？

（2）影响企业商业模式创新实施的因素有哪些？

（3）从创新扩散的视角来看，商业模式的实施有哪些阶段？

（4）如何理解商业模式的创新可通过"组织"来预测？

（5）决策在商业模式启动创新和实施创新中扮演了什么角色？为什么？

10.5　参 考 文 献 与 注 释

［1］　Rogers, E. M. (2003). Diffusion of Innovations (Fifth Edition). New York：The Free Press.

［2］　Zaltman, G. , Duncan, R. & Holbek, J. (1973). Innovations and Organizations. New York：John Wiley & Sons.

第 **11** 章

商业模式评估

商业模式评估可以帮助企业了解现在的处境，也可以基于评估的结果给未来提供建议。没有评估就没有行动和前进方向，也就无所谓成功与失败。商业模式评估是商业模式的一个重要方面。本章将会阐述关于商业模式评估的初步思考，评估的相关理论、思想和方法，商业模式评估的关键方面，以及为什么商业模式评估具有挑战性。

11.1 商业模式评估的初步思考方法

当提到评估，你会想到什么？针对这个发散的问题每个人都有不同的答案。在理解评估的时候人们都会有些初步的印象，但是很难面面俱到。当我们理解一件事物的时候，可以试着用一些大家比较常用的思考方式作为策略或方法，比如"5W1H"（who，when，what，where，why，how）分析方法就是其中一种。早在 1936 年 Lasswell[1] 提出了由 who、what、when、how 构成的影响力分析方法，后发展成现在的"5W1H"分析方法。此方法是对选定的对象，从人员（who）、时间（when）、特质（what）、地点（where）、原因（why）和策略（how）等六个方面提出问题、进行思考。包括评估的对象是什么？评估的内容是什么？为什么进行评估？如何进行评估？评估涉及的时间维度和空间维度？这种看似简单的思考方式却能使思考的内容深化、科学化，可以作为我们进行评估时的一种初步思考方法。

前面的章节中曾提到"灿坤 3C 连锁店的中国大陆之行"和"苏宁易购的新零售转型之路"的案例，那么将两个案例企业的商业模式进行横向比较能得出什么结论呢？我们可能会说，灿坤的商业模式是失败的，因为它不断亏损，最终退出了大陆市场。我们基于商业模式本身的表现得出这一结论，但是为什么会给出关于商业模式成功或者不成功的判断？我们应如何评估商业模式是成功或失败？这是本章关注的核心问题。从商业模式四要素，即认知一致性、价值实现频谱、产品—服务依存关系、规模（范围）经济入手，也可以从其他方面，如企业的财务指标、社会价值、可持续性发展等方面分析。这是因为商业模式不是一件孤立的事情，在理解和评估商业模式的时候，要超越商业模式本身。

11.2 评估的相关理论

评估（evaluation）是一种使用有效可靠的研究方法的评价（appraisal）形式。我们往往会面临多种类型的评估，旨在产生数据，进而产生有助于决策的信息，用于开发优质项目和服务[2]。

11.2.1 过程、结果与目标

评估也可以分为过程评估和结果评估。在如何把握创新的不足上，罗杰斯[3]提出了形成性评估和总结性评估的用途之别。形成性评估是在一个活动、过程或系统正在进行时进行的调查，目的是提高其效力。总结性评估是为了对一项活动、过程或系统完成其使命后对其有效性做出评价。另外，还有发展性评估[4]，是以实现发展为目标，需要在一个项目的设计过程中提供评估数据和反馈，目的是提高项目实施成功的可能性，并作为设计的一部分内容，此时设计和评估并列。

在目标设置理论中，Locke & Latham[5]将目标定义为行动的对象或目的。目标有两个主要属性，即明确度和难度。针对目标所寻求的对象或结果，从明确度来看，目标内容可以是模糊的（如"提高营业额"），也可以是明确的（如"本年度营业额较上年提升 20%"）。明确的目标可使人们更清楚要怎么做，付出多大的努力才能达到目标。目标设定得明确，相对于团队或企业，便于评价一个个体或一个部门的能力。目标难度是指设定目标所需的努力以及一个人致力于目标实现的程度。从难度来看，难度依赖于人和目标之间的关系，同样的目标对某个人或部门来说可能是容易的，而对另一个人或部门来说可能是有挑战性的，这取决于他们的能力和经验。一般来说，目标的绝对难度越高，人们就越难达成它。

不同导向的评估得到的结论和效果也不同。对于企业的商业模式,以结果为导向的评估关注财务报表上的各种指标,以过程为导向的评估关注培养组织的各项核心能力,包括组织、管理能力等。虽然企业都是结果导向,但有的企业注重过程,有的不注重过程。注重过程的好处是能够保证组织运行得更稳定,在进展中发现和解决问题,可避免过程高压下体系崩溃。若仅关注对结果的评估,则结果的可复制性和提升就会有另外的挑战和难度。

11.2.2　双面评估

在进行评估时既要评估商业模式自身,同时还要评估对应的支撑条件,如配对物、互补资产和能力。组织能力是一种互补资产,包括技能、设施,另外对手也可能是互补资产,不能仅关注企业自身,还要观察周围。

在对商业模式本身进行评估时可以从两个对应的方面入手。

1. 自身

在评估商业模式自身的时候,可以从历史、元素和架构方面入手。

历史是人们对原来事物的理解,是人们加工以后刻意留下的技能、资料等。商业模式往往是有历史的,这种历史会限定或者激发人们去做某事。例如,某种商业模式在一个地区成功过,我们就会自然认为同样的模式在另外一个地区也有很大概率会取得成功。把这些理解成历史而不是经验会更深刻一些,历史引入了时间上的纵观角度,否则我们就可能是用横断的角度理解商业模式,给自己造成困惑。一个相关的理论是路径依赖,指人类社会中的技术演进或制度变迁均有类似于物理学中的惯性,即一旦进入某一路径(无论是"好"还是"坏"),就可能对这种路径产生依赖。惯性的力量会使这一选择不断自我强化,并且很难转换路径和突破既定模式。人们实际上是在历史的印记上前行,在进行商业模式评估时要充分认识到历史的作用。

我们理解事物的时候可以从要素和架构的角度分析。因为一个事物本身有很多维度。如果对某件事物的理解比较困难,我们可以不必要求理解全面,而是先把其中的一个局部理解清楚。不论何种商业模式模型,都会有局部的构成,这些构成就可以作为改进或者评估时思考的重要切入点。

2. 支撑条件

在进行评估时,除了商业模式自身,还需要评估商业模式对应的条件,如互补的资产(技能、设施等)和能力(组织能力、管理能力等)。这是因为,互补资产不仅是创新成功的必要条件[6],而且是观察和理解商业模式的重要方式和视角。比如,韩都衣舍案例中的"互联网""韩流"等带有趋势性的力量,晨光文具案例中的"渠道能力基础"等带有保障性的条件,都是影响商业模式过程和结果评估的重要支撑。

11.2.3　效力判断

对商业模式的效力(effectiveness)判断,可以参考 7 项准则[7]:

(1) 从谁的角度判断效力?

必须从某个人的角度来定义和评估效力,重要的是要使观点明确。

(2) 判断关注的活动领域是什么?

领域产生于组织中强调的活动或主要任务,产生于组织的能力,产生于外部力量对组织的要求。

(3) 使用的分析级别是什么?

虽然不同层次分析的效力可能是兼容的,但通常是不兼容的。一个层次的效力可能会降低另一个层次的效力。

(4) 判断效力的目的是什么?

改变评估的目的会给评估者和被评估的单位带来不同的后果。

(5) 使用的时间框架是什么?

采用什么样的时间框架将严重妨碍评估。此外,如果选择了错误的时间框架,效果和结果有时无法察觉。因为它们可能在很长一段时间内逐渐出现,也可能在短期内突然出现。

(6) 用于效力判断的数据类型是什么?

a. 在客观数据(组织记录)或主观、感性数据(访谈或问卷回答)之间做出选择。

b. 客观数据的范围很窄,通常与组织效力的标准有关,与组织的主要任务没有明显的联系。

c. 主观或感知数据可以从更广泛的角度进行评估。然而,回答者的偏见、不诚实或缺乏信息可能会妨碍数据的可靠性和有效性。

d. 或者相反,客观数据可能表明组织的效力,而支持者可能将组织评定为无效。

（7）判断效力的依据是什么？

a. 对照同一组指标比较两个不同组织的绩效（比较判断）。

b. 选择标准或理想的绩效水平（基准判断）。

c. 将指标上的组织绩效与组织的既定目标进行比较（以目标为中心的判断）。

d. 将组织在指标上的表现与其过去在相同指标上的表现进行比较（改进判断）。

e. 根据一个组织拥有的静态特征对其进行评估，独立于其在某些指标上的表现（特质判断）。

11.3　商业模式评估的关键方面

第一个方面是初心。为什么需要商业模式，商业模式有何作用？这是评估商业模式时一个最基本的出发点。为什么需要商业模式？通过比较成功或失败的案例可以得出答案。比如，灿坤是近乎失败的商业模式，该公司在急剧扩张的过程中忘了初心，盲目地开新店，不清楚自己的目标客户和国美、苏宁的客户有哪些区别。宏观来说，企业本身的文化和特性没有保持住，进入一种盲目发展状态；觉得自己无所不能，进入失控状态。这得回归到商业模式根本目的上，是为了保持企业的成长；成长就需要获取客户。客户一类是新生的，另一类是从对手中争夺来的。因此，商业模式的评估初心的落脚点是客户或者是认知一致性。

第二个方面是策略。上面我们提到过程、结果、目标导向的评估，分别得到的结论是不一样的。用目标导向就会设立企业应达到多少营业收入的标准，来引导商业模式的运行。而结果导向就会关注商业模式的必然产出。过程导向看重的是过程本身会产生哪些结果，同时是否有效率，是否借助了互补资源和能力构建等。

第三个方面是方法。过程、结果、目标导向的方法是与策略相对应的。比如，华为公司特别强调过程质量和经营效果，第一是跟它的规模大有关系，规模太大如果不管控好过程会导致失控。第二是跟高级管理者的见识有关系。华为的高级管理者们一直认为华为能够留给世界的不是客户，不是市场，而是管理。管理是强调过程的。华为实行集成产品开发模式进行产品研发的时候，它改变了从客户到研发整个链条的运作方式、业务流程。同时，在应对客户服务需求时，更标准化，更容易定制化，而这套标准体系在全球有更强的业务拓展和控制能力。

此外，采取最优或者满意的方法来评估也是不一样的。满意认为人是有限理性的，即决策能力有限，试图让各利益相关方的利益得到平衡化，达到比较认可的水平。最优则是采用最好或者最有利的方案。由于人是有限理性的，所以大多数情况下的追求很难实现最优，转而追求满意。其实，我们通过商业模式的实施也能看出，组织变量的制约或促进几乎很难达到最优，所以商业模式的评估采取满意的方法更可行。

第四个方面是结构。我们要考虑影响因素和权变因素，即哪些因素会影响到商业模式的创新效果。比如说对手、行业组织、资源、资产。此外，选择结构或者架构化的分析也会影响商业模式的评估。如果把商业模式看作是架构化创新，那么就要考虑各要素之间相互影响的关系。

第五个方面是微观情境。商业模式创新的过程中会有很多条件发生变化，这些变化会影响到商业模式本身。例如，设定组织可以保证稳定充足的资源，但若条件变了该怎么应对？设定好了企业有很强的风险承担能力，然而若商业模式在很长时期内不见效又该怎么办？

需注意的是，在商业模式评估的时候，要处理好与战略的关系。宏观的战略可能会有导向性，但可能缺乏针对性。同样，也要处理好与运营的关系。微观情境里直接影响到商业模式各要素的内容反而更重要一些，比如关键的技术。

第六个方面是企业类型与评估策略的匹配。新创企业、成熟企业或并购企业应匹配不同的评估策略。因为企业本身的起源、能力以及继承的文化和基因不一样，评估的要求也应不同。也就是，在评估时要考虑企业业务的特质。

整体上，在理解商业模式评估的时候，不确定或者不可预料的事情太多，远远超出了集体和决策者的判断。即使团体作判断也往往会出现很多失误，因为人们可能为了保持团结不愿意提出反对意见[8]。实际中，公司的决策层就容易陷入这个陷阱。

因此,商业模式评估的难度会很高,这与决策模式有关。企业里面的业务活动是靠决策推动的,而高级管理者的决策不容易有人否定。我们在理解商业模式评估的时候,应该把人的因素放到里面去。因为决策团体和个人自身决策的方式有问题,会造成评估本身出现盲区。同时,人或团体的行动判断的差距会影响到商业模式的好与坏。

同时,不同的评估方式所使用的指标或者价值体系也不一样,涉及的领域就会有很多专业的指标出现,要挑选出来也很难,如何构建科学有效的评估指标对企业来说具有较高的挑战性。

总之,没有评估就没有行动和前进方向,也就无所谓成功与失败。企业面向未来前进的时候,下一步该如何行动往往是不明确的,这需要有新的方向或提案。此时,评估的结果如何指导企业前进的方向非常重要。由此,评估的目的不是为了回顾历史,评估的一个作用是发现问题并予以纠偏,从而帮助企业更好地生存和成长,评估是面向未来的。

11.4　本 章 小 结

1. 本章主要内容

(1)"5W1H"可以作为商业模式评估的初步思考方法。

(2)评估是一种使用有效可靠的研究方法的评价形式。我们往往会面临多种类型的评估,旨在产生数据,进而产生有助于决策过程的信息,用于开发优质项目和服务。

(3)评估的相关理论:过程、结果、目标导向;双面评估;效力判断。

(4)商业模式评估的关键方面:初心、策略、方法、结构、微观情境、企业类型与评估策略的匹配。

(5)没有评估就没有行动和前进方向,也就无所谓成功与失败。商业模式评估很有挑战性。

本章内容结构,如图 11-1 所示。

2. 启发思考题

(1)如何理解商业模式评估?

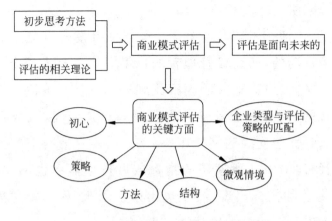

图 11-1 "商业模式评估"的内容结构

（2）商业模式评估的目的和价值是什么？

（3）商业模式评估有哪些方式？

（4）商业模式评估需要关注哪些关键方面？

（5）企业类型和商业模式评估策略如何匹配？

11.5 参考文献与注释

［1］ Lasswell，H. D. (1936). Politics：Who Gets What，When，How. New York：McGraw-Hill.

［2］ Grinnell，R. M. ，Jr. & Unrau，Y. A. (2018). Social Work Research and Evaluation：Foundations of Evidence-based Practice (Eleventh Edition). New York：Oxford University Press.

［3］ Rogers，E. M. (1983). Diffusion of Innovations (Third edition). New York：The Free Press. P. 403-406.

［4］ Russ-Eft，D. & Preskill，H. (2009). Evaluation in Organizations：A Systematic Approach to Enhancing Learning，Performance，and Change (Second Edition). New York：Basic Books.

［5］ Locke，E. A. & Latham，G. P. (Eds.). (2013). New Developments in Goal Setting and Task Performance. New York：Routledge.

［6］ Teece，D. J. (1986). Profiting from Technological Innovation：Implications for Integration，Collaboration，Licensing and Public policy. Research Policy，15(6)，285-305.

［7］ Cameron，K. S. & Whetten，D. A. (1983). Organizational Effectiveness：A Comparison of Multiple Models. New York：Academic Press.

［8］ Janis，I. L. (1972). Victims of Groupthink. Boston，MA：Houghton Mifflin.

第 12 章

超越商业模式

商业模式创新,既存在于商业模式之外,也存在于商业模式之内。之前的章节内容更多强调商业模式之内,即要素、结构的变化以及要素和结构组合的变化。在进行商业模式创新时,产品创新、组织能力、利润模式这些与商业模式关联的因素也应该被重视。

12.1 产品创新对商业模式创新的影响

在理解商业模式创新的时候,不能局限于商业模式创新,还要考虑商业模式创新的其他关联因素,其中很重要的一个因素是产品创新。我们关心的实例,比如小米、IBM、微信、微软、苹果,这些公司目前都拥有成功的商业模式,那么在这里面产品创新起到了什么作用呢?

产品创新向外影响到商业模式,向内影响到生产和组织。小米公司在产品创新方面并未进行突破式创新,而是根据用户反馈快速地进行产品的更新迭代。用户会影响小米产品的创新迭代,而产品创新又会加强或者改变用户对认知一致性的判断,同时使频谱的扩散和构建变得越来越专业。小米为什么不搞激进式的创新呢? 原因是生产手机的组织是有成本的,产品变得越多意味着生产工艺越需改进提高,导致规模经济水平可能下降。产品创新会影响生产过程,生产过程会影响到产量和成本控制水平。因此就可以理解为什么在产品创新里面,汽车企业愿意采取平台生产的方式——要保持体系相对稳定地前进。汽车等生产制造企业的销量不确定,没有足够的普及率,因而更愿意采取标准产品或者设计轻微改动的产品创新。IBM PC 最早采用的芯片是落后于市场 5 年以上的成熟技术,保证了产品的稳定性。同时 IBM 在销售 PC 的时候,选择和高档百货商店梅西百货合作。可见,在商业模式上 IBM PC 面向的是高端市场,而在生产上则是往稳健的方向去做。只有商业模式创新并不能保证商业的成功,产品创新也是根本的影响因素。

产品创新本身会影响到商业模式,脱离产品考虑商业模式创新是没有意义的。

12.2 产品创新还是商业模式创新

究竟是产品创新还是商业模式创新,第一个需要考虑的是价值链或生态系统。企业产品能够变成金钱或者能够产生经济收入,这有一个价值流的运转过程,而这个价值流会涉及很多利益相关者,既包括内部的员工,也包括外部代理商、客户等,每一个环节的转换都会引起价值活动的重新配置。

第二个需要考虑的是平台。平台有两种模式,第一种是产品平台,把各产品间共用的零部件集中到一起做成一个共享体系。汽车平台是典型的例子,家电、软件更是如此。第二种是像京东、淘宝这样的平台,把企业里能力相关的方面组织起来,变成一种生态系统。

第三个需要考虑的是锁定效应。产品对客户会产生锁定效应,导致客户转移成本较高。管理软件、手机运营商、电脑操作系统、通信工具、大型设备生产线等重资产,这些都是企业产品对外的锁定。还有一项是对内锁定,企业内部变革的成本比较高。比如,使用了某种专有技术开发一种产品之后,如果想再转换到另一种技术体系中就很难。又如,软件开发中的开源和非开源的技术策略和组织策略,不同于封闭技术系统的对应策略。

当我们研究创新、研究商业模式时,就会发现以上这些环节都会在产品创新的时候引起很多复杂的变化。产品本身变化的方式、策略和战略会影响到商业模式的构建,也会影响到企业整体系统的运营成本和运营效果。产品升级影响客户的选择,客户选择影响产品的销量,销量影响规模经济水平,规模经济水平又影响利润空间,利润进一步影响研发投入,因此这形成了一个循环。

12.3 产品创新的类型

首先,企业采用的是迭代创新。微软在 1989 年的时候就在做迭代创新和敏捷开发。敏捷开发以用户的需求进化为核心,采用迭代、循序渐进的方法进行软件开发和创新。如今看到的微软是一个庞大的软件，实际上其产品背后是一套复杂的组织管理体系和研发体系。与此直接关联的是持续性创新和破坏性创新[1]，前者是指产品的各项性能不断得到提升，后者是指有的性能指标会下降，反而抓住了新的市场机会。

其次，是模仿创新和创造性创新的区别。模仿创新通过对模版的近乎复制进行创新活动，它不是俗称的"山寨"，而是需要在"照葫芦画瓢"的基础上有所改造。模仿创新有两种情况，一种叫蓝图复制，另一种叫观念扩散[2]。与之形成对比的则是创造性创新。比如，苹果公司推出的智能手机 iPhone 就属于创造性创新。在苹果推出新手机之前，手机的主体功能是通话和短信，然而 iPhone 的推出使得手机已经不再仅仅是一种通话和短信工具，它让手机成为生活的一部分，用户可以在手机上娱乐、学习，甚至控制机器等。

再次，是渐进式创新和激进式创新的区别。渐进式创新是指对现有技术和观念改进引起的程度较小的、比较连续的创新。激进式创新是指那些在技术原理和观念上有巨大突破和转变的创新。形象地表达就是，渐进式创新是一步一步地来，激进式创新是大踏步。激进创新的发生往往伴随着产品创新、组织创新等连锁反应，甚至引起产业结构的变化。

我们还需注重模块创新和架构创新。模块创新是指改变产品或事物中的某些模块，当产品进行模块创新时，系统整体架构保持不变。产品进行架构创新时，产品功能模块与物理模块出现了新的组合，模块之间的关系发生了改变。电动汽车相对于传统内燃机汽车，不仅涉及激进式创新和渐进式创新的问题，还涉及架构创新。有很多方式来分析一种创新的变化，而产品本身的变化会引起一个结构性的调整。架构创新和模块创新相对容易区分，但渐进还是激进创新、模仿还是创造创新则很难判断。

还有一种是回响创新。苹果 iPhone 手机在产品架构上进行了创造性创新，并逐步成为市场主导设计，实现了内部创业型商业模式的成功。小米和OPPO 智能手机在产品架构上都是创造性地模仿 iPhone 手机所建立的主导设计。但是它们的商业模式构建方略并不相同。小米公司以粉丝社区为标志，成了创业型企业的商业模式成功代表，而 OPPO/vivo 则是成熟型企业的商业模式成功再演。形成对比的是，虽然魅族和酷派智能手机也是模仿iPhone 手机产品架构，但经营并不算很成功。再有，联想 moto Z 模块化手机则尝试了由创造性模仿到创造性创新的产品架构转换,并伴随从成熟型到内部创业型的商业模式转换,但其经营并不理想。从以上企业的实践可以看出:无论是能够成功经营的企业,还是不能够成功经营的企业,不但产品架构的创新战略可以不同,而且商业模式的情境也可以不同。无论是采用类似的产品架构创新战略,即或创造性模仿或创造性创新[3],还是处于相似的商业模式情境,即或创业型或成熟型[3][4][5],这些企业产品的经营成功程度[6][7][8]并没有呈现出完全一致的关系,这是为什么呢?实际上,产品架构与商业模式之间不是直线式单向决定关系,而是过程式双向塑造关系,二者之间是相互动态决定、互为因果的关系,称为回响创新(the echoing innovation)。

12.4　商业模式的双面性

双面性,是指商业模式在特定属性上呈现出对立但又共生的情形。

首先是互补。钱德勒[6]认为,在现代工业企业显现的过程中,生产技术的重大创新形成了由规模经济和范围经济所带来的空前成本优势的潜力。但实际运用这种潜力的关键步骤不是发明,也不是技术的商业化,而是企业家和管理者对大规模生产设施、销售系统和管理组织进行的互相联系的三重投资,导致了现代大企业的崛起。可见,商业模式的成功,只依靠商业模式本身是不实际的,还需要考虑互补的资源和能力。如利润模式、盈利模式、运营模式、组织能力等。

其次是双元。这是指一个企业采取不同的商业模式和组织方式,一种可能偏向创业型,一种可能偏向管理型。很多企业进行一个新业务探索的时候,会分出一个独立的组织自负盈亏,相当于一个独立的事业部,采取和原来不一样的考核指标和考核方式。这是很多企业采取的一个不一样的管理方式,称为组织的双元,双元意味着企业需要具备不同的能力来调节。

最后是中间。企业可处于正式组织和非正式组织之间的半正式组织状态[9]。这意味着我们在观察分析企业的时候,不能用组织的结构图来理解企业,也不能用非正式组织和正式组织来区分,企业处于一种中间的状态。实际上此时的企业强调自动的配置调整和适应,但有可能没有反映在正式的组织结构之中。人员之间的关系不是通过正式组织来维系的,不可能通过命令来管理和执行,是大家自愿慢慢形成的合作体系。这种类型的中间组织有很好的适应性,而这种适应性不反映在组织结构体系上,可以快速地组建起来,一旦任务达成就会解散,一些临时性的项目组织就是如此。

12.5　用社会思维理解商业模式

我们可以观察一下奥特莱斯(Outlets)这种业态。它诞生于美国,最早是"工厂直销店",用来专门处理工厂尾货。后来逐渐汇集,慢慢形成类似购物商场一样的大型购物中心,并逐渐发展成为一个独立的零售业态。奥特莱斯吸引顾客有三样法宝:一是驰名世界的品牌——荟萃世界著名或知名品牌,品牌纯正、质量上乘;二是难以想象的低价——一般以低至 1～6 折的价格销售,物美价廉,消费者趋之若鹜;三是方便舒适的氛围——远离市区、交通方便,货场大而简洁、舒适。

如今,国内的奥特莱斯往往集休闲、娱乐、餐饮、购物于一体。比如,北京的八达岭奥特莱斯,拥有营业面积近 6 万平方米,引入 300 多个国内外品牌,还吸引了十多家国际一线品牌在此开设中国奥特莱斯首家店铺。设有近3000 个免费停车位。除了一站式的购物体验,在进驻的餐饮品牌上也下了不少功夫,引入十余个餐饮品牌。同时,在北京市内开通了多条免费购物班车线路,免费 Wi-Fi 也覆盖整个奥特莱斯。它还格外注重特殊人群在购物时的需求,设立了母婴室、休息室、无障碍洗手间等。由此,有媒体称为度假型城市休闲目的地。

奥特莱斯的这种业态很好地适应了人们现在的行为趋势。随着社会人口结构和收入结构的变化,中产人口急剧膨胀,而这些人往往在购物时会更注重品质和体验。因此不能简单地把奥特莱斯定义成一种经营的场所,应把它定义成一种社会活动的承载地,然后再考虑人口结构、收入水平等社会因素的变化如何催生这种业态。随着生活水平的提高,物质需求基本得到满足,人们越来越注重精神需求。一般城市往往人口密集,而人们又需要一个释放生活压力的地方,集休闲、娱乐、餐饮、购物于一体的奥特莱斯就成为人们选择放松娱乐的去处,这远远超过它本身的商业价值。

另外,当下盛行的扫码点餐,也就是顾客使用自己的智能手机扫描餐馆点餐二维码完成下单,这也是需要用社会思维来理解商业模式创新的典型实例。如此实例,在商业历史上还有很多。

因此,在思考一种业态为何出现时,我们可以尝试用社会思维来理解商业实例,而不是用商业的思维来理解社会实例。

12.6 本 章 小 结

1. 本章主要内容

(1)产品创新向外影响到商业模式,向内影响到生产和组织,脱离产品考虑商业模式创新是没有意义的。

(2)应该用社会的思维来理解商业的事情,不是用商业的思维来理解社会的事情。

(3)商业模式的成功,只依靠商业模式本身是不切实际的,还需要互补的资源和能力。

(4)商业模式创新,既存在于商业模式之外,也存在于商业模式之内。

本章内容结构,如图 12-1 所示。

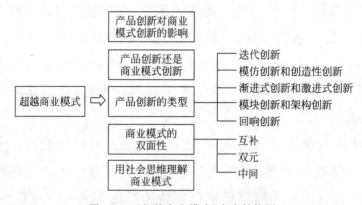

图 12-1 "超越商业模式"内容结构图

2. 启发思考题

(1)在理解商业模式创新时应该考虑哪些因素?

(2)产品创新与商业模式创新有何联系?

(3)产品创新有哪些类型?如何理解模块创新和架构创新?

(4)如何理解商业模式的双面性?

12.7　参考文献与注释

［1］ Christensen，C. M. (2000). The Innovator's Dilemma：When New Technologies Cause Great Firms to Fail (Revised edition). Boston，MA：Harvard Business Review Press.

［2］ Diamond，J. M. (1999). Guns，Germs，and Steel. New York：W. W. Norton & Company.

［3］ Drucker，P. F. (1985). Innovation and Entrepreneurship. New York：Harper & Row.

［4］ Burgelman，R. A. & Sayles，L. R. (1986). Inside Corporate Innovation. New York：The Free Press.

［5］ 云乐鑫，杨俊，张玉利（2017）.创业企业如何实现商业模式内容创新？——基于"网络—学习"双重机制的跨案例研究.管理世界，(4)，119-137.

［6］ Chandler，A. D.，Jr. (1990). Scale and Scope：The Dynamics of Industrial Capitalism. Cambridge，MA：The Belknap Press of Harvard University Press，

［7］ Gilbert，B. A.，McDougall，P. P. & Audretsch，D. B. (2006). New Venture Growth：A Review and Extension. Journal of Management，32(6)，926-950.

［8］ 夏梦圆，顾元勋（2022）.产品架构与分销渠道的匹配机理探索：用友公司纵贯案例研究.管理评论，34(2)，336-352.

［9］ Susan Biancani, Daniel A. McFarland, Linus Dahlander（2014）The semiformal organization. Organization Science 25(5)：1306-1324.

重要术语的中英对译表

（按照汉语拼音排序）

高级管理者 executive 或 top-level manager

发展性评估 developmental evaluation

规模和范围经济 scale and scope economies

互惠匹配 reciprocal matching

回响创新 the echoing innovation

技能和设施 skills and facilities

架构 architecture

价值捕获 value capturing

价值创造 value creation

价值实现 value realization

价值实现频谱 spectrum of value realization

交换 exchange

交易 transaction

看不见的手 the invisible hand，TIVH

看得见的手 the visible hand，TVH

拉得上的手 the connectible hand，TCH

模块 module

模块化 modularity

企业家 enterpreneur

情境 context

情态 situation

权变决策 contingent decision

认知发展 cognition development

认知结构 cognitive structure

认知失调 cognitive dissonance

认知一致性 alignment of dyadic cognitions

商业模式 business model

社会型价值实现频谱 society-wide-based spectrum of value realization

属性 attribute

双向搜寻 double search

提供 offerings

调谐 tune

通过量 throughput

先行者 first-mover

协同 coordination

信息处理 information processing

形成性评估 formative evaluation

职能 function

知识激活 kowledge activation

主导设计 dominant design

专家型价值实现频谱 experts-based spectrum of value realization

专业型价值实现频谱 specialists-based spectrum of value realization

资产专用性 asset specificity

资源观 resource-based view

总结性评估 summative evaluation

组织能力 organizational capabilities

教师服务

感谢您选用清华大学出版社的教材！为了更好地服务教学，我们为授课教师提供本书的教学辅助资源，以及本学科重点教材信息。请您扫码获取。

▶▶ 教辅获取

本书教辅资源，授课教师扫码获取

▶▶ 样书赠送

创业与创新类重点教材，教师扫码获取样书

 清华大学出版社

E-mail: tupfuwu@163.com
电话：010-83470332 / 83470142
地址：北京市海淀区双清路学研大厦 B 座 509

网址：https://www.tup.com.cn/
传真：8610-83470107
邮编：100084